ADOLPHE JOANNE

GÉOGRAPHIE

DE

L'AUBE

14 gravures et une carte

HACHETTE ET CIE

GÉOGRAPHIE

DU DÉPARTEMENT

DE L'AUBE

AVEC UNE CARTE COLORIÉE ET 14 GRAVURES

PAR

ADOLPHE JOANNE

AUTEUR DU DICTIONNAIRE GÉOGRAPHIQUE ET DE L'ITINÉRAIRE
GÉNÉRAL DE LA FRANCE

PARIS

LIBRAIRIE HACHETTE ET Cie

79, BOULEVARD SAINT-GERMAIN

1874

Droits de traduction et de reproduction réservés.

TABLE DES MATIÈRES

Introduction. III

DÉPARTEMENT DE L'AUBE

I	1	Nom, formation, situation, limites, superficie.	1
II	2	Physionomie générale.	2
III	3	Cours d'eau.	4
IV	4	Climat.	12
V	5	Histoire.	14
VI	6	Personnages célèbres.	22
VII	7	Population, langue, culte, instruction publique. . .	24
VIII	8	Divisions administratives.	25
IX	9	Agriculture.	30
X	10	Industrie.	32
XI	11	Commerce, chemins de fer, routes.	34
XII	12	Villes, bourgs, villages et hameaux curieux.	36

LISTE DES GRAVURES

1	Rose des vents.	VI
2	Boussole.	VII
3	Modèle d'une carte.	VIII
4	Termes géographiques.	IX
5	Nogent-sur-Seine.	15
6	Arcis-sur-Aube.	17
7	Bar-sur-Aube.	19
8	Une rue de Troyes.	21
9	Bar-sur-Seine.	37
10	Portail de Saint-André, à Troyes.	39
11	Cathédrale de Troyes.	41
12	Saint-Urbain, à Troyes.	43
13	Intérieur de Saint-Pantaléon, à Troyes.	45
14	Le jubé de Sainte-Madeleine, à Troyes.	47

GÉOGRAPHIES DÉPARTEMENTALES
ÉLÉMENTAIRES

INTRODUCTION

L'étude géographique d'un département français doit, d'après les programmes officiels, commencer par l'étude de la commune où se trouve située l'école.

Chaque instituteur apprendra donc avant tout à ses élèves non-seulement ce qu'est une commune sous les rapports politique et administratif, mais quelles sont la situation, l'étendue, l'altitude ou élévation au-dessus du niveau de la mer, les divisions, les cultures, les industries, les transactions commerciales, les curiosités naturelles, archéologiques et artistiques de la commune dans laquelle il exerce ses fonctions.

Au point de vue politique et administratif, une **commune** est une fraction du territoire comprenant soit une ville, soit un ou plusieurs villages, hameaux ou écarts, et administrée par un maire, des adjoints et un conseil municipal.

Avant la fatale guerre de 1870, si imprudemment engagée et si malheureusement conduite, la France comptait 37,548 communes. Les traités de paix des 26 février et 10 mai 1871, et la convention additionnelle du 12 octobre suivant, lui en ont fait perdre 1,689 ; il ne lui en resterait donc que 35,859, mais plus de 140 sections ayant été érigées en municipalités distinctes, le nombre total actuel (1874) dépasse 36,000.

Un certain nombre de communes réunies (en général 10) forment un **canton**, dont le chef-lieu, où ont lieu tous les ans les opérations du recrutement, possède une *justice de paix*.

Avant la guerre de 1870, la France comptait 2,941 cantons. Les traités ci-dessus mentionnés lui en ont fait perdre 97. Mais, comme

8 nouveaux cantons ont été créés, le nombre total est actuellement de 2,852 (2,857 en y comprenant des fractions de cantons cédés).

Un certain nombre de cantons réunis (8 en moyenne) forment un **arrondissement** dont le chef-lieu est le siège d'une sous-préfecture, à l'exception de celui qui, comprenant le chef-lieu du département, est le siège de la préfecture, d'un conseil d'arrondissement et d'un *tribunal de première instance*, jugeant à la fois *civilement*, c'est-à-dire les procès entre citoyens dans les cas déterminés par la loi, et *correctionnellement* les individus prévenus de délits qui n'entraînent pas des peines afflictives ou infamantes.

Avant la guerre de 1870, la France comptait 373 arrondissements; elle en a perdu 14 : il ne lui en reste donc plus que 359 (362 y compris les arrondissements de Belfort, Saint-Dié et Barr, qui, bien que morcelés, ont conservé leur autonomie).

Un certain nombre d'arrondissements (3 ou 4 en moyenne) forment un **département** qui, administré par un préfet, un conseil général et un conseil de préfecture (tribunal administratif) est la résidence des chefs de services des administrations militaires, financières, postales, universitaires, des travaux publics, etc. Un certain nombre de chefs-lieux des départements sont en outre le siège d'archevêchés (17) et d'évêchés (67), de cours d'appel (26), et de cours d'assises et d'académies (16).

Avant la guerre de 1870, la France comptait 89 départements. Elle en a perdu 4, dont 1 seulement (le Bas-Rhin), cédé entièrement à la Prusse; il ne lui en reste donc que 85 (87 y compris le département de Meurthe-et-Moselle, formé des parties restées françaises des anciens départements de la Meurthe et de la Moselle, et le territoire de Belfort).

Le chef-lieu du département de la Seine, Paris, est en même temps le chef-lieu ou la capitale de la France.

Ces notions générales rappelées à ses élèves, l'instituteur qui, dans la première année, « a dû se borner à quelques notions sur le pays où se trouve située son école, » expliquera, selon le programme officiel, ce que c'est qu'une carte, et ce que sont les points cardinaux; il expliquera ensuite sur la carte du département et sur celle de la France les principaux termes de la nomenclature géographique; enfin il étudiera le département en commençant par la commune, puis en passant de la commune au canton et du canton à l'arrondissement. Les éléments principaux de cette étude se trouvent réunis dans la Géographie ci-jointe, ainsi que le montre la table méthodique des matières :

INTRODUCTION.

I	1	Nom, formation, situation, limites, superficie.
II	2	Physionomie générale.
III	3	Cours d'eau.
IV	4	Climat.
V	5	Curiosités naturelles.
VI	6	Histoire.
VII	7	Personnages célèbres.
VIII	8	Population, langue, culte, instruction publique.
IX	9	Divisions administratives, liste des communes.
X	10	Agriculture.
XI	11	Industrie.
XII	12	Commerce, chemins de fer, routes.
XIII	13	Villes, bourgs, villages et hameaux curieux.

Les détails géographiques, administratifs, archéologiques et statistiques qui n'ont pas trouvé place dans cette Géographie abrégée et spéciale sont réunis dans le *Dictionnaire de la France*, par Adolphe Joanne [1], dont toutes les bibliothèques communales devraient posséder un exemplaire.

Pour faciliter aux instituteurs l'étude préliminaire de la commune où il exerce ses fonctions, c'est-à-dire l'explication d'une carte, des points cardinaux et des principaux termes de la nomenclature géographique, nous reproduisons ici, d'après la *Géographie élémentaire des cinq parties du monde* publiée par M. Cortambert, une rose des vents, une boussole, la carte des environs d'un collège et une carte des principaux termes géographiques, avec les explications qui les accompagnent.

Le côté de l'horizon où le Soleil semble se lever, ou plutôt où il se trouve à 6 heures du matin, s'appelle *est*, *levant* ou *orient*. — Celui où il semble se coucher (c'est-à-dire où il se trouve à 6 heures du soir) est l'*ouest*, *couchant* ou *occident*. — Le *sud* ou *midi*, appelé aussi point *austral* ou *méridional*, est dans la direction où nous voyons, en France, le Soleil à midi. — Le *nord* ou *septentrion*, nommé aussi point *boréal* ou *septentrional*, est à l'opposé, et se reconnaît par les groupes d'étoiles de la *Grande Ourse* et de la *Petite Ourse*, situés de ce côté. — Ce sont les quatre *points cardinaux*. On les désigne ordinairement par ces abréviations: N., S., E., O.

Il y a quatre *points collatéraux* : le *nord-est*, entre le nord et

---

[1] *Dictionnaire géographique, administratif, postal, statistique, archéologique, etc. de la France, de l'Algérie et des Colonies*, par Adolphe Joanne, 2ᵉ édition, entièrement révisée et considérablement augmentée. Un volume grand in-8 de 2700 pages à 2 colonnes, broché, 25 fr.; cartonné, 28 fr. 25 c.; relié en demi-chagrin, 30 fr.

l'est; — le *nord-ouest*, entre le nord et l'ouest; — le *sud-est*, entre le sud et l'est; — le *sud-ouest*, entre le sud et l'ouest.

Les points cardinaux et les points collatéraux forment ce qu'on appelle la *rose des vents*.

S'orienter, c'est retrouver les points cardinaux et collatéraux. Pendant le jour, il est facile de le faire au moyen du Soleil, qu'on voit à l'est à six heures du matin, au sud à midi, à l'ouest à six heures du soir, au sud-est à neuf heures du matin, au sud-ouest à trois heures du soir.

La nuit, on peut avoir recours à l'étoile Polaire, située au nord, dans la Petite Ourse.

Rose des vents.

On se sert aussi de la *boussole*, petit instrument dont la pièce principale est une aiguille aimantée, suspendue sur un pivot, où elle tourne librement, car cette aiguille a la propriété de diriger l'une de ses pointes au nord et l'autre au sud.

Sur les dessins nommés *cartes*, qui représentent la Terre ou quelques-unes de ses parties, on a coutume de placer le nord en haut, le sud en bas, l'est à droite et l'ouest à gauche.

Il y a, sur la Terre, des terres et des eaux. Les plus grands espaces de terre sont les continents.

Les *îles* sont des terres moins grandes, entourées d'eau de tous côtés.

Plusieurs îles rapprochées les unes des autres forment un *groupe d'îles.* — Quand il y en a un très-grand nombre, cette réunion se nomme *archipel*.

Les *presqu'îles* ou *péninsules* sont des espaces de terres environnés d'eau *presque* de tous côtés.

Un *isthme* est un espace resserré entre deux masses d'eau.

Les *côtes* sont les bords des continents et des îles.

Les *caps*, les *pointes* et les *promontoires* sont les avancements des côtes.

Les *plaines* sont de grands espaces de terrain plat.

Un *champ* est un terrain ordinairement cultivé en céréales, en pommes de terre et en d'autres plantes propres à l'alimentation des hommes ou à leurs vêtements.

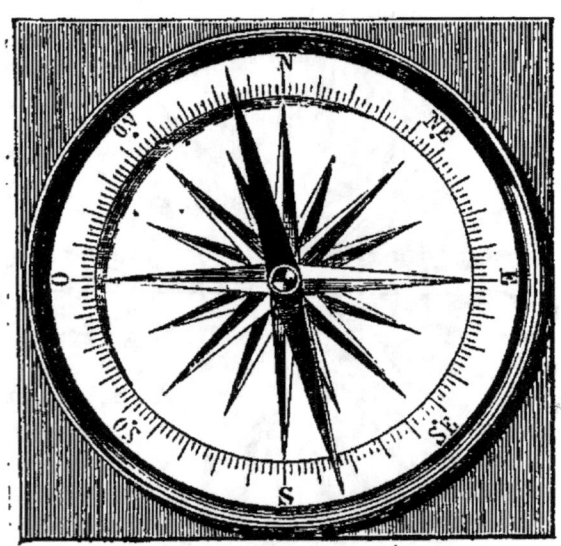

Boussole.

Un *pré* ou une *prairie naturelle* est un terrain couvert constamment d'herbes destinées à la nourriture des animaux.

Les *prairies artificielles* sont formées de plantes à fourrages qui n'occupent que momentanément des terrains où l'on cultive ensuite des céréales, des pommes de terre, etc.

Un *bois* est une assez grande réunion d'arbres.

Une *forêt* est une très-grande réunion d'arbres.

Les *déserts* et les *landes* sont des plaines arides. On appelle *oasis* les petits espaces fertiles qui s'y trouvent.

Les *monts* et les *montagnes* sont de grandes hauteurs ; les *collines*, les *monticules*, les *buttes* sont moins élevés. — On appelle souvent *côte* le penchant d'une hauteur et quelquefois la hauteur tout entière.—Les *dunes* sont les collines sablonneuses des bords de la mer.

Le *sommet* est le point le plus élevé d'une montagne; le *pied* en est la partie la plus basse.

Une *chaîne de montagnes* est formée de plusieurs montagnes réunies les unes aux autres.

On nomme *plateaux* des territoires élevés et plats, souvent entourés ou couronnés de montagnes, et quelquefois formant le sommet de certaines montagnes.

Les penchants d'une montagne ou d'une chaîne de montagnes s'appellent *flancs*, *revers* ou *versants*. On appelle aussi *versant* tout un grand territoire incliné vers telle ou telle mer.

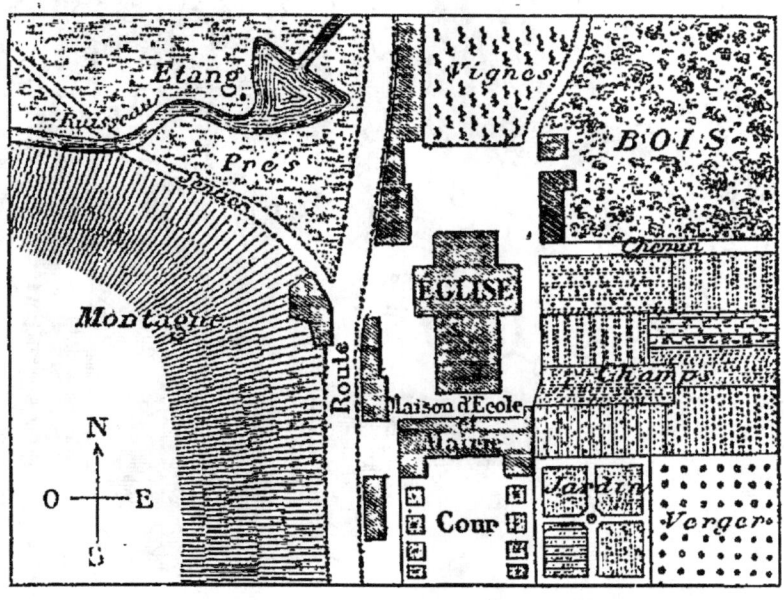

Modèle d'une carte, environs d'un collège (au 2000ᵉ).

Un *défilé* ou *col* est un passage étroit entre deux sommets de montagnes ou entre une montagne et la mer.

Les *vallées* et les *vallons* sont des espaces profonds qui se trouvent entre deux montagnes ou entre deux chaînes de montagnes.

Les *glaciers* sont les amas de glace qui couvrent certaines parties des hautes montagnes.

Un *fleuve* est un grand cours d'eau qui va se jeter dans la mer.

— Une *rivière* est un cours d'eau qui perd son nom en se joignant à un autre; cependant, quand un cours d'eau qui se rend directement dans la mer n'est pas considérable, il s'appelle *rivière*.

Un *ruisseau* est un très-petit cours d'eau.

Les *torrents* sont des cours d'eau très-rapides et qui, ordinairement, n'existent qu'à certaines époques de l'année, au moment des grandes pluies ou de la fonte des neiges.

La *rive droite* d'un cours d'eau, fleuve, rivière, ruisseau, torrent, etc., est celle que l'on a à sa droite en descendant le lit de ce cours d'eau; la *rive gauche* est la rive opposée.

La *source* d'un cours d'eau est l'endroit où il commence; son *embouchure*, celui où il se jette dans la mer. Plusieurs em-

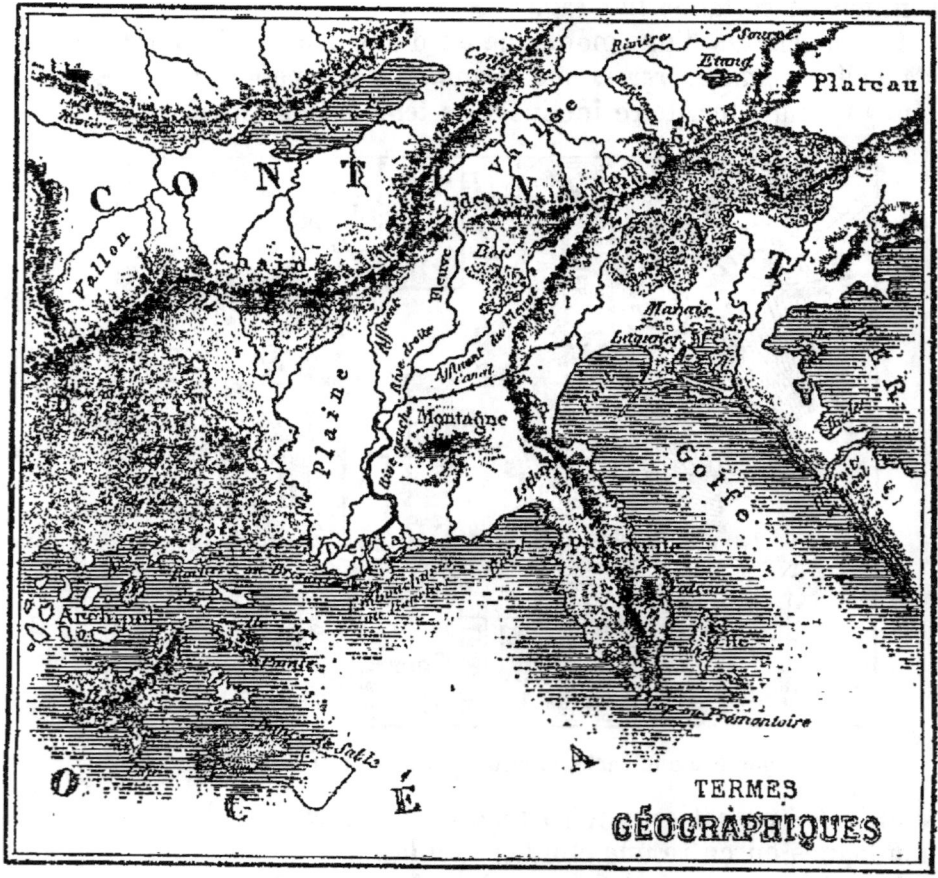

Modèle d'une carte servant à expliquer les principaux termes géographiques.

bouchures s'appellent aussi *bouches*. Le territoire compris entre la mer et les branches d'un fleuve se nomme *delta*.

On nomme *estuaires* les larges embouchures de certains fleuves.

L'endroit où deux cours d'eau se réunissent est un *confluent*.

Les *affluents* d'un cours d'eau sont les divers cours d'eau qu'il reçoit.

Les deux rives d'un cours d'eau s'appellent *rive droite* et *rive gauche*.

Le *bassin* d'un fleuve est le territoire arrosé par ce fleuve et par ses affluents, et entouré d'une ceinture de hauteurs appelée le partage des eaux ou *ligne de faîte*.

Une chute d'eau se nomme *cascade* ou *cataracte*.

Un *canal* est un grand fossé où l'on introduit de l'eau, principalement pour y faire circuler les bateaux.

Les *lagunes*, des espèces de lacs placés près des côtes et communiquant avec la mer. On les appelle souvent étangs ;

Les *étangs* sont de petits lacs artificiels ;

Les *lacs*, de grands amas d'eau placés au milieu des terres ;

Les *marais*, des amas d'eau peu profonds situés dans les terres ;

Les *mares*, les plus petits amas d'eau.

Les *chemins de fer* et les *routes* composent, avec les canaux et les cours d'eau, les principales *voies de communication* à travers les terres.

La plus grande partie de l'eau répandue sur le globe terrestre forme ce qu'on appelle la *mer*. (La France est entourée par la mer de trois côtés.)

Les *océans* sont les plus grands espaces de mer.

Une *mer* est un espace moins grand qu'un *océan*.

Les *golfes*, les *baies*, les *anses* et les *rades* sont des avancements de mer qui pénètrent dans les terres.

Les *ports* ou *havres* sont des avancements plus petits, propres à servir d'asile aux vaisseaux.

Les *détroits* sont des espaces de mer resserrés entre deux parties de terre. On donne souvent aussi à un détroit le nom de *canal*, ou ceux de *passe*, de *passage*, de *raz*, de *pertuis*, de *chenal*, de *goulet*.

Des rochers placés au milieu de la mer et dangereux pour les navigateurs s'appellent *écueils*, *récifs*, *brisants*.

Les espaces sablonneux, qui se trouvent dans l'eau et qui sont également dangereux pour la navigation, se nomment *bancs de sable*.

Avec ces notions préliminaires, les dessins et cartes qui les accompagnent, et les renseignements divers contenus dans la géographie ci-jointe, chaque instituteur pourra facilement, selon les prescriptions du programme officiel, « étudier le département en commençant par la commune, puis en passant de la commune au canton, et du canton à l'arrondissement. »

ADOLPHE JOANNE.

DÉPARTEMENT
DE L'AUBE

I

Nom, formation, situation, limites, superficie.

Le département de l'Aube doit son *nom* à l'un de ses deux principaux cours d'eau, à l'Aube, qui le traverse du sud-est au nord-ouest et qui y baigne deux chefs-lieux d'arrondissement, Bar et Arcis.

Il a été formé, en 1790, avec des territoires appartenant à deux des provinces qui constituaient alors la France, la Champagne et la Bourgogne : à la Champagne, il a emprunté plus de 550,000 hectares, soit environ les quatorze quinzièmes de son étendue.

L'Aube est *situé* sur la route qui mène de Paris à l'Allemagne méridionale et à la Suisse. Deux départements seulement, l'Yonne et la Nièvre (ou l'Yonne et le Loiret), le séparent du Cher, qui est le département le plus central de la France, tandis que dans une autre direction, vers le nord, deux départements, la Marne et les Ardennes, le séparent de la Belgique. Pour atteindre la frontière actuelle du côté de l'Allemagne, on n'a qu'à traverser également deux départements, la Haute-Marne et les Vosges ; un seul (Seine-et-Marne), pour se trouver aux portes de Paris. Son chef-lieu, Troyes, n'est qu'à 167 kilomètres au sud-est de Paris par le chemin de fer, à moins de 145 en ligne droite.

L'Aube est *borné* : au nord, par le département de la Marne ; à l'est, par celui de la Haute-Marne ; au sud, par ceux de la Côte-d'Or et de l'Yonne ; à l'ouest, par ceux de l'Yonne et de Seine-et-Marne. Sur tout son pourtour, le département n'a guère que des frontières artificielles : à peine çà et là une rivière ou un ruisseau le sépare-t-il pendant quelques centaines de mètres de l'un des six départements circonvoisins.

Sa *superficie* est de 600,144 hectares. Sous ce rapport, l'Aube est le 46me département de la France : en d'autres termes, 45 sont plus étendus. Sa plus grande *longueur* — du nord-ouest au sud-est, de la forêt de Sourdun, près du Mériot, canton de Nogent-sur-Seine, à la colline élevée de la Pointe, près de Juvancourt, canton de Bar-sur-Aube — est de 115 kilomètres environ. Sa *largeur*, prise perpendiculairement à cette plus grande longueur, du sud-ouest au nord-est, est généralement de 80 kilomètres ; enfin son *pourtour* est de 370 kilomètres, en ne tenant pas compte des sinuosités secondaires.

II

Physionomie générale.

Le sud et presque tout l'ouest du département de l'Aube contrastent singulièrement avec le nord et l'est.

Comparés aux arrondissements d'Arcis-sur-Aube et de Nogent-sur-Seine, les arrondissements de Bar-sur-Aube et de Bar-sur-Seine et une partie de celui de Troyes, sont un peu accidentés et pittoresques ; on y trouve de belles forêts et des collines de calcaire ou de craie qui s'élèvent à une assez grande hauteur.

C'est dans l'arrondissement de Bar-sur-Aube, à 9 ou 10 kilomètres au sud de cette ville, à quelques kilomètres à l'ouest de la rive gauche de l'Aube et de la fameuse maison de détention de Clairvaux, non loin de la frontière du département de la Haute-Marne, que se dresse le coteau le plus élevé de l'Aube, le *Bois-du-Mont*, haut de 366 mètres, et voisin de la Tête-aux-Loups, qui n'a que dix mètres de moins et qui se relie elle-même à un sommet de 362 mètres. Ces trois cimes portent des bois détachés de la grande forêt de Clairvaux, qui s'étend sur trois départements, l'Aube, la Haute-Marne, et aussi la Côte-d'Or.

Avec ses 366 mètres, le Bois-du-Mont est environ six fois plus élevé que la tour de la cathédrale de Troyes, haute, comme on sait, de 62 mètres, mais, en revanche, il l'est treize fois moins que le Mont-Blanc (4,810 mètres), la montagne la plus élevée de la France et de toute l'Europe.

Les collines de l'Aube orientale et méridionale vont se rattacher, hors du département, au Plateau de Langres et à la Côte-d'Or, massifs d'une élévation médiocre qui séparent les eaux coulant vers l'océan Atlantique de celles qui se dirigent vers la Méditerranée par la Saône et le Rhône. — Du premier de ces massifs descend la Saône; le second donne naissance à la Seine. — Comme c'est à l'est et au sud, sur la lisière de la Haute-Marne ou de la Côte-d'Or, que le réseau des coteaux de l'Aube se relie aux massifs dont il est un rameau, c'est là aussi que le sol du département est le plus élevé. A mesure que l'on se dirige vers le nord-ouest, dans le sens des principaux cours d'eau, le sol s'abaisse d'une manière sensible, mais jusqu'à la ligne où commencent les terres crayeuses du nord, infertiles et nues, il continue de porter de vastes forêts, telles que celles de Bossican, de Rumilly, de Chaource, d'Aumont, d'Othe, du Grand-Orient, de Soulaines, restes de la grande forêt du Der.

Les arrondissements de Nogent-sur-Seine et d'Arcis-sur-Aube, et une portion considérable de celui de Troyes, font partie de la CHAMPAGNE POUILLEUSE.

La Champagne Pouilleuse — peu de personnes l'ignorent — est une des contrées les plus tristes et les plus infertiles de la France. Elle ne s'étend pas seulement sur le nord du département de l'Aube, elle recouvre surtout une très-grande portion de la Marne, une petite portion des Ardennes et un lambeau de l'Aisne. Quand ils ne sont pas tout à fait rebelles à la culture, ses mamelons et ses plateaux de craie dure portent des champs aux épis maigres, des prairies artificielles, des taillis rabougris, des plantations chétives de sapins et de pins d'Écosse et d'Autriche. On n'y trouve ni ruisseaux ni fontaines. Les vallées et les vallons, plus favorisés de la nature, sont très-frais, quelquefois même trop humides et tourbeux; le sol y est souvent excellent et de jolies petites rivières, agrandies par des sources dont quelques-unes sont très-considérables, y coulent dans des prairies ombragées d'arbres.

La Champagne Pouilleuse est beaucoup moins élevée que l'autre région du département de l'Aube : les coteaux les plus hauts n'y montent qu'à 150-200 mètres, ce qui est à peu près la moitié de l'altitude du Bois-du-Mont.

III

Cours d'eau.

Le département de l'Aube appartient tout entier au bassin de la Seine; en d'autres termes, toutes ses rivières et tous ses ruisseaux descendent vers ce fleuve.

La **Seine** est l'un des principaux fleuves de la France, et c'est le plus connu de tous, parce qu'il traverse Paris. Sa longueur, y compris les détours — or, c'est un cours d'eau remarquablement tortueux — est d'environ 770 kilomètres, et son bassin, c'est-à-dire l'ensemble des vallées dont elle reçoit les eaux, a environ 7,800,000 hectares, soit un peu moins du septième de la France, qui elle-même fait à peu près le deux-cent-cinquantième du Globe.

La Seine naît, à 471 mètres d'altitude, dans les montagnes, ou plus exactement dans les collines élevées du département de la Côte-d'Or. Avant d'entrer dans le département de l'Aube, elle a parcouru environ 75 kilomètres, dans la direction du N.-N.-O. et baigné la ville de Châtillon.

La Seine pénètre dans le département de l'Aube à une petite distance en amont de Mussy, par environ 188 mètres au-dessus de la mer, pour en ressortir par à peu près 60 mètres.

C'est là le point le plus bas du département : entre cet endroit et le sommet du Bois-du-Mont, il y a donc une différence de niveau de 306 mètres, et si l'on bâtissait, en ce point où le fleuve abandonne définitivement l'Aube, une tour à peu près cinq fois plus haute que celle de la cathédrale de Troyes, la cime de cette tour aurait presque exactement la même élévation que la tête du Bois-du-Mont. La pente du fleuve dans le département est donc de 128 mètres, pour un cours total de près de 150 kilomètres, y compris le trajet que la Seine fait dans le département de la Marne en amont et en aval du confluent de l'Aube.

Pendant sa traversée du département, la Seine se dirige, en général, du sud-est au nord-ouest, dans une vallée çà et là très-gracieuse, mais qui est rarement pittoresque, surtout à partir du point où le fleuve, — disons plutôt la rivière, car la Seine n'est encore ni large ni profonde, — commence à effleurer les collines de la Champagne Pouilleuse. Elle baigne Mussy, chef-lieu de canton, Bar, chef-lieu d'arrondissement, quitte l'ancienne Bourgogne à Bourguignons, passe à Troyes, chef-lieu du département, à Méry, chef-lieu de canton, et à 2 kilomètres de Romilly, qui malgré cette distance porte le nom de Romilly-sur-Seine; puis, après avoir fait un assez grand détour dans le département de la Marne, passe encore devant Nogent, chef-lieu d'arrondissement, après quoi elle quitte l'Aube pour entrer dans le département de Seine-et-Marne.

De la frontière du département de l'Aube à la mer, la Seine baigne Melun, chef-lieu du département de Seine-et-Marne, Paris, capitale de la France, puis, devenue extraordinairement sinueuse, elle traverse encore trois départements : Seine-et-

Oise, Eure, Seine-Inférieure, passe devant l'importante ville de Rouen et se transforme enfin en un estuaire, c'est-à-dire en un golfe allongé où les eaux douces du fleuve se mêlent aux eaux salées de la Manche. Cet estuaire, qui a jusqu'à 10 kilomètres de largeur, se rétrécit à 7 kilomètres quand la Seine entre dans la mer entre Honfleur et le Havre, qui est le port le plus commerçant de la France après Marseille.

La Seine, dans le département de l'Aube, roule peu d'eau, surtout avant de se doubler par le confluent de l'Aube. Plus bas, grâce aux apports de l'Yonne, de la Marne, de l'Oise, à l'Eure, elle devient un vrai fleuve. Devant Paris, elle débite, aux eaux les plus basses, 44 mètres cubes ou 44,000 litres par seconde ; dans les eaux basses, 75 mètres cubes ; dans les eaux moyennes, 250 ; dans les crues, 1,200 à 1,500. Quand elle se jette dans la mer, elle roule presque deux fois plus d'eau que sous les ponts de Paris.

Elle n'est point navigable quand elle arrive sur le territoire du département de l'Aube, et elle ne le devient qu'après sa première sortie, à Marcilly, grâce à l'important tribut de l'Aube. Elle l'est donc à sa rentrée, dans l'arrondissement de Nogent, et encore fort peu, puisque son tirant d'eau en été ne dépasse pas cinquante centimètres aux endroits les moins profonds.

La Seine reçoit, dans le département, la Laigne, l'Ource, l'Arce, la Sarce, l'Hozain, la Barse, l'Ardusson, la Villenauxe ; hors du département, elle reçoit directement l'Aube et l'Orvin, indirectement l'Armance et la Vanne (par l'entremise de l'Yonne).

La LAIGNE, affluent de gauche, a presque tout son cours dans le département de la Côte-d'Or : elle y naît une première fois, elle s'y perd sous terre, elle y reparaît par la source de Laigne, qui est une des plus abondantes de cette région de la France. Dans l'Aube, elle baigne les Riceys, chef-lieu de canton. Sur 30 kilomètres environ de cours, depuis la source de Laigne, cette rivière en a la moitié dans l'Aube.

L'OURCE, plus importante que la Laigne, est un affluent de droite. Venue également de la Côte-d'Or, cette jolie rivière, alimentée par de remarquables fontaines, n'a pas même le quart de son cours de plus de 80 kilomètres dans le département de l'Aube : elle y arrose Essoyes, chef-lieu de canton, et s'unit à la Seine en amont de Bar, à 2 kilomètres environ de cette ville.

L'Arce, inférieure de beaucoup à la Laigne, et surtout à l'Ource, est un ruisseau d'environ 25 kilomètres de développement, qui ne traverse aucun chef-lieu de canton. Il a son embouchure un peu au-dessous de celle de l'Ource, sur la même rive, dans la banlieue de Bar.

La Sarce, tributaire de gauche, est un peu plus longue que l'Arce, mais ce n'est encore qu'un ruisseau qui ne baigne aucune ville importante : née à une petite distance des frontières de l'Yonne et de la Côte-d'Or, elle s'engouffre sous terre puis reparaît pour tomber dans la Seine à 7 ou 8 kilomètres en aval de Bar.

L'Hozain, de même longueur que la Sarce (plus de 25, moins de 30 kilomètres), commence par la source abondante de Balnot, fait tourner un moulin, disparaît pendant plusieurs kilomètres et se reforme avec les eaux de la belle fontaine d'Oze aux Bordes, non loin de Lantages (canton de Chaource) : il n'y a que des villages et des bourgades, pas une seule ville dans sa vallée. Grossie de la *Marve* et de la *Mogne*, elle se perd dans le fleuve à 4 ou 5 kilomètres au-dessus de Troyes : c'est un affluent de gauche.

La Barse, tributaire de droite, longue de 52 kilomètres, commence à Vendeuvre, chef-lieu de canton, par des sources qui lui fournissent assez d'eau pour mettre presque immédiatement des forges en mouvement. Elle passe à Lusigny, chef-lieu de canton, et s'achève dans la vallée même de Troyes, après avoir reçu la *Bodronne*, la *Rance* et la *Civanne*. C'est le dernier tributaire notable du fleuve jusqu'au moment où l'Aube renforce la Seine au point de la doubler. De Troyes à Marcilly, en effet, la Seine ne recueille que des fontaines et quelques ruisseaux qui, à part le *Ruez*, sont insignifiants.

L'Ardusson (25 kilomètres), affluent de gauche, arrose le

vallon où le fameux Abélard fonda, au commencement du douzième siècle, l'abbaye du Paraclet, dont les ruines même n'existent plus : il gagne la Seine à une petite distance en amont de Nogent.

La VILLENAUXE se nomme aussi la *Noxe*, et plus souvent encore la *Vaunoise*, au moins dans son cours supérieur. Sa source, la fontaine Vaunoise, dans le département de la Marne, est fort abondante. Elle passe à Villenauxe-la-Grande, chef-lieu de canton, et s'égare, en plusieurs bras, dans les larges prairies de Nogent. Elle se termine à une faible distance au-dessous de Nogent. C'est un affluent de droite.

L'**Aube**, affluent de droite, n'a ni sa source ni son embouchure dans le département auquel elle a donné son nom et où elle parcourt environ 130 kilomètres. C'est une rivière assez considérable, à peu près aussi abondante, et peut-être même plus au confluent que la Seine. Son nom, d'origine latine, veut dire la *Blanche*, et en effet, ses eaux sont claires, toujours limpides et beaucoup moins colorées que les eaux vertes de la Seine.

Elle a son origine dans le département de la Haute-Marne, au pied du Mont-Saule, colline de 512 mètres appartenant au système de hauteurs qu'on appelle Plateau de Langres, et qui, de même que celles d'où descend la Seine, font partie du faîte séparant le bassin de l'océan Atlantique de celui de la Méditerranée. Ses premières sources jaillissent à près de 25 kilomètres à vol d'oiseau au sud-ouest de Langres, le chef-lieu du département de la Haute-Marne. Quand elle pénètre sur le territoire de l'Aube, elle a parcouru environ 70 kilomètres, tant dans le département de la Haute-Marne que dans celui de la Côte-d'Or.

Dans l'Aube, elle coule du sud-est au nord-ouest, par Clairvaux, bourgade importante, Bar, chef-lieu d'arrondissement, Brienne-la-Vieille, espèce de faubourg de Brienne-le-Château ou Brienne-Napoléon, chef-lieu de canton situé à une petite distance de la rivière; Ramerupt, chef-lieu de canton, et Arcis, chef-lieu d'arrondissement. Fort belle à son entrée dans le département, au pied des plus hautes collines de l'Aube, couronnées par les forêts de Clairvaux et de Beauregard, sa vallée a beaucoup moins de caractère au-dessous de Jessaint, et surtout au-dessous de Brienne, lorsqu'elle n'est plus qu'un large fossé creusé dans les plateaux de la Champagne Pouilleuse. Arrivée dans le département à 200 mètres d'altitude environ, elle en sort à 80 mètres, pour entrer dans le département de la Marne, descendre encore de dix mètres et rejoindre, à Marcilly, la Seine, qu'elle dépasse en largeur et en vitesse, mais à laquelle elle est inférieure en profondeur. Quant à la longueur développée du cours, l'Aube l'emporte de quelques kilomètres sur la rivière qui lui fait perdre son nom.

L'Aube est navigable, ou plutôt censée telle à partir d'Arcis, mais son tirant d'eau estival est à peine de 20 centimètres, et de fait, la remonte et la descente y sont presque nulles.

Elle reçoit l'Aujon, la Bresse, le Sandion, la Voire, l'Auzon, le Meldanson, le Puis, l'Huistrelle, l'Herbisse, la Barbuise et la rivière des Auges ou Superbe.

L'Aujon est plus qu'un ruisseau, c'est une jolie petite rivière de 65 kilomètres de cours, mais elle ne fait que paraître dans le département, pour s'y jeter presque aussitôt dans l'Aube (rive droite), au-dessous de Clairvaux. Elle vient du département de la Haute-Marne, où elle prend ses sources dans le même massif que l'Aube.

La Bresse, faible ruisseau, ne vaudrait pas la peine d'être notée si elle ne passait dans un faubourg de Bar-sur-Aube. C'est un affluent de droite.

Le Sandion (de Spoy), qui se forme à Champignolle, perd toutes ses eaux après avoir alimenté ce joli village, se reforme, dans un étang, de sources limpides et abondantes, et se jette dans l'Aube (rive droite) en aval de Doulancourt.

La Voire, petite rivière d'environ 50 kilomètres de développement, sort de la puissante fontaine de Sommevoire (Haute-Marne). Elle a son embouchure sur la rive droite, à peu près à égale distance entre Brienne et Ramerupt. Elle ne baigne aucune ville, mais elle passe à 3 ou 4 kilomètres au sud de

Chavanges, chef-lieu de canton, et l'un de ses affluents, la *rivière de Soulaines* ou *Laine*, se forme, à Soulaines, autre chef-lieu de canton, d'une source dont l'abondance est extraordinaire, s'il est vrai qu'elle débite jusqu'à 10,000 litres d'eau par seconde en temps de pluie. La Voire reçoit aussi la *Brévonne*.

L'Auzon, affluent de gauche, a près de 30 kilomètres de parcours : il recueille les eaux de plusieurs étangs de la forêt du Grand-Orient, passe à 2 ou 3 kilomètres de Piney, chef-lieu de canton, et s'unit à l'Aube à 3 ou 4 kilomètres en amont de Ramerupt.

Le Meldanson, ruisseau de la Champagne Pouilleuse, a son commencement dans un étang du département de la Marne ; il se jette dans l'Aube (rive droite), un peu au-dessous du confluent de l'Auzon, un peu au-dessus de celui du Puis, après un cours d'un peu plus de 25 kilomètres.

Le Puis, semblable au Meldanson, mais plus long d'une couple de kilomètres, est aussi un ruisseau de la Champagne Pouilleuse et un affluent de droite. Il naît à Sompuis, chef-lieu de canton du département de la Marne, et a son embouchure dans la banlieue de Ramerupt.

L'Huistrelle, plus courte de quelques kilomètres que le Meldanson et le Puis, coule également dans un vallon de la Champagne Pouilleuse. C'est aussi un tributaire de droite. Grossie par plusieurs fontaines abondantes, elle gagne l'Aube entre Ramerupt et Arcis.

L'Herbisse, tributaire de droite, rejoint l'Aube à 6 kilomètres en aval d'Arcis.

La Barbuise, dont le développement approche de 40 kilomètres, a pour origine les sources qui ont fait donner à un village du canton d'Arcis le nom de Fontaine-Luyères. Elle marche d'abord vers le nord, comme pour gagner Arcis, mais arrivée, à Pouan, dans la vallée de la rivière, elle se met à couler parallèlement à l'Aube pendant 12 à 15 kilomètres. Elle s'achève entre Plancy et l'endroit où l'Aube sort du département. C'est un tributaire de la rive gauche.

La RIVIÈRE DES AUGES ou la SUPERBE, dont le développement atteint 35 kilomètres, est essentiellement un cours d'eau du département de la Marne. Elle ne touche le département de l'Aube, commune de Boulages, que pour s'y abîmer aussitôt dans l'Aube (rive droite). Son origine est curieuse : près de Mœurs, à 3 kilomètres environ à l'ouest de Sézanne, chef-lieu de canton du département de la Marne, la petite rivière du Grand Morin se partage en deux branches : celle de droite, conservant le nom de Grand Morin, va traverser au loin le département de Seine-et-Marne, baigner un chef-lieu d'arrondissement, Coulommiers, et tomber dans la Marne, qui, on le sait, tombe elle-même dans la Seine aux portes de Paris. La branche de gauche est en quelque sorte une dérivation du Grand Morin, créée pour alimenter la ville de Sézanne (Marne), où elle coule à l'aide d'auges (d'où son nom), sur la crête même du versant du coteau qui porte la ville. Elle prend plus spécialement le nom de la Superbe au-dessous du confluent de la Vaure.

L'ORVIN, qui, avons-nous dit, a son embouchure hors du département, comme l'Aube, lui appartient par presque tout son cours, qui atteint 40 kilomètres. Il passe à Marcilly-le-Hayer, chef-lieu de canton, puis, quittant l'Aube au-dessous de Trainel, pénètre dans le département de Seine-et-Marne et s'engloutit dans la Seine (rive gauche).

L'ARMANCE ne gagne pas directement la Seine : c'est un affluent de l'Armançon, qui lui-même se jette dans l'Yonne, et celle-ci vient doubler, ou à peu près, la Seine à Montereau (Seine-et-Marne). Elle naît dans la ville de Chaource, chef-lieu de canton, de fontaines nombreuses donnant assez d'eau pour que la rivière qu'elles forment mette aussitôt en mouvement des usines. Elle flotte des bois de chauffage fournis par les forêts de Chaource, de Rumilly, d'Aumont, d'Othe, bois destinés à l'approvisionnement de Paris. Augmentée du *Landion* (d'Étourvy), de la *Mandrille*, elle coule devant Ervy, chef-lieu de canton, puis quitte l'Aube pour l'Yonne et va tomber dans l'Armançon, près de la ville de Saint-Florentin. Sur un cours d'un peu plus de cinquante kilomètres, l'Armance en a environ une quarantaine, soit les quatre cinquièmes, dans le département de l'Aube.

La VANNE est une rivière charmante, dont les eaux, provenant de fontaines magnifiques, situées sur le territoire de Saint-Benoît-sur-Vanne, sont assez claires, assez fraîches, assez abondantes pour que la ville de Paris en ait acheté une partie pour son alimentation en eaux potables. Sa source la plus élevée est importante : elle se trouve à 16 kilomètres à l'ouest de Troyes, dans un village qui en a pris le nom de Fontvannes. Grossie de l'*Ancre*, à Estissac, qui est un chef-lieu de canton, du *Bétro*, de la *Nosle*, qui vient d'Aix-en-Othe, autre chef-lieu de canton, des fontaines puissantes d'Armentières (à Courmononcle), donnant 250 litres d'eau par seconde dans les temps les plus secs, elle sort de l'Aube pour entrer dans l'Yonne au-dessus de Villeneuve-l'Archevêque. C'est à Sens qu'elle se jette dans l'Yonne, après un cours d'un peu plus de cinquante kilomètres, sur lesquels le département de l'Aube en réclame environ vingt-cinq, et l'Yonne mène à la Seine ses eaux pures et limpides, celles du moins que n'a pas enlevées l'aqueduc de Paris.

IV

Climat.

Le département de l'Aube n'a pas de montagnes (car le Bois-du-Mont, sa plus haute cime, ne peut prétendre qu'au nom de coteau), et l'on sait qu'en général, moins un pays est élevé au-dessus du niveau de la mer, moins il y fait froid. Par cette cause, et par sa situation à une distance presque égale du Pôle et de l'Équateur, l'Aube est un pays essentiellement tempéré. Sans doute, il est assez éloigné de la mer pour n'être pas favorisé de ce qu'on nomme un *climat maritime*, essentiellement égal et doux, mais il n'en est pas assez distant, et surtout il n'en est pas séparé par des collines assez hautes pour être vraiment soumis à un *climat continental*. Or, les climats continentaux n'ont pas la douceur et l'égalité des climats maritimes : les froids y sont plus vifs, les chaleurs plus grandes, les sécheresses plus longues, l'été plus différent de l'hiver et la température du jour plus différente de celle de la nuit.

L'Aube est compris en partie dans la zone où règne le climat qu'on est convenu d'appeler *climat séquanien* ou *parisien*, et qui doit ce double nom à ce qu'il se fait sentir dans le bassin de la Seine (en latin, *Sequana*), et particulièrement à Paris. Ce climat a pour principal caractère d'être tempéré, sans chaleurs extrêmes, sans froids excessifs, mais en même temps très-variable. Le sud-est du département (arrondissement de Bar-sur-Aube ; cantons de Bar, de Vendeuvre et de Soulaine, et l'arrondissement de Bar-sur-Seine) est compris dans la zone du *climat vosgien*. Le froid s'y fait sentir et plus tôt et plus longtemps ; la végétation du printemps y est plus tardive, celle de l'été plus précoce.

Quoiqu'il n'y ait pas plus de 306 mètres de différence de niveau entre le point le plus haut et le point le plus bas du département, la température moyenne de l'année n'est pas identique dans tous les lieux habités des 26 cantons de l'Aube. En général, le climat s'adoucit dans la direction du nord-ouest ou de l'ouest, en même temps que le sol s'abaisse avec les rivières qui le parcourent. On peut dire qu'il fait plus froid dans les arrondissements, élevés et couverts de forêts, de Bar-sur-Aube et de Bar-sur-Seine, que dans les arrondissements d'Arcis-sur-Aube et de Troyes, et surtout que dans celui de Nogent, le territoire le plus bas en moyenne du département.

Le département de l'Aube, comme en général ceux qui ont été formés de l'ancienne province de Champagne, est un de ceux où il tombe annuellement le moins de pluie. Si toute l'eau tombée du ciel pendant l'année restait sur le sol sans être bue par la terre ou pompée par le soleil, on recueillerait dans l'année une nappe d'eau profonde d'environ 750 millimètres.

V

Histoire.

Les plus anciens habitants du territoire qui a formé le département de l'Aube — dont l'histoire ait conservé le souvenir — sont les *Tricasses* (Tricassini) à l'ouest, et les *Lingons* à l'est. Les premiers, établis entre les Lingons et les Sénons, suivirent le sort de ces derniers et partagèrent leurs destinées. Avec eux ils prirent Rome (sauf le Capitole) vers l'an 400 avant Jésus-Christ, et, comme eux, ils donnèrent leur nom à une ville de l'Italie, à *Troja* (autrefois Trœcæ), dans la Capitanate (royaume de Naples).

Antérieurement à la conquête des Gaules par Jules César, qui eut lieu entre 58 et 50 ans avant notre ère, la cité des Tricasses, *Trœcæ*, aujourd'hui Troyes, avait assez d'importance pour frapper monnaie. Toutefois, le conquérant n'en fait pas mention dans ses Mémoires; mais Pline l'Ancien nomme les Tricasses parmi les peuples de la Gaule.

La domination romaine fut douce envers les Tricasses, dont la cité, qui prit le nom d'*Augustobona*, fit partie d'abord de la Ire Lyonnaise, puis, vers 360, de la IVe Lyonnaise, ou Lyonnaise-Sénonaise.

L'Évangile y fut prêché, dès le milieu du troisième siècle, par saint Potentien et saint Savinien, prêtres grecs originaires de Samos. Saint Parre ou Patrocle fut l'un des premiers martyrs de la foi nouvelle en l'an 259. Peu de temps après, sainte Jule et vingt notables de la cité des Tricasses subirent également le martyre. Mais là, comme partout ailleurs, la persécution eut son effet ordinaire; la communauté du Christ devint bientôt assez nombreuse pour être administrée par des évêques, dont saint Amateur fut le premier (340).

Toute la contrée qui forme le département de l'Aube avait été ravagée, en l'an 286, par les Bagaudes ou Vagaudes, troupe de vagabonds et de mécontents qui, vers 257, commencèrent à se révolter contre les empereurs romains et parcoururent la Gaule, mettant tout à feu et à sang.

Vainqueur des Allemans, l'empereur Julien, qui n'était alors qu'associé à l'empire, vint à Troyes avec toute son armée, et, après avoir éprouvé une faible résistance, il s'en fit ouvrir les portes (360).

Un des plus grands évêques de Troyes, saint Loup (529-579), y établit des écoles renommées et put, par son ascendant

Nogent-sur-Seine.

et l'autorité de son caractère, préserver sa ville épiscopale de la présence et de la fureur d'Attila et de ses Huns. Les Huns venaient d'être repoussés d'Orléans au moment même où ils commençaient à la piller. Ils se retirèrent par la Champagne qu'ils avaient déjà traversée. « Ils étaient devant Troyes, dit M. Guizot[1]; l'évêque saint Loup se rendit au camp d'Attila et le supplia d'épargner une ville sans défense, car elle n'avait ni

---

[1] *Histoire de France racontée à mes petits enfants.* Librairie Hachette et Cie.

murs ni soldats. « Soit! lui répondit Attila, mais tu « viendras « avec moi et tu verras le Rhin ; je te promets de te renvoyer « alors. » Prudent et superstitieux, le barbare voulait garder le saint homme en otage. » C'est après cette entrevue qu'Attila aurait, dit-on, fait massacrer le diacre Mesmin.

Les Huns furent encore arrêtés dans les plaines voisines de Troyes, appelées *Champs catalauniques* ou de *Mauriac* (aujourd'hui Méry?), au cinquième milliaire, c'est-à-dire au onzième kilomètre de Troyes, dit une chronique récemment découverte en Danemark. Quand arrivèrent l'armée romaine et les troupes alliées, au nombre desquelles se trouvaient les Francs commandés par Mérovée, Attila fut obligé d'accepter le combat (451). Il fut complétement défait. « Ce fut, dit Jornandès, une bataille atroce, multiple, affreuse, acharnée, telle que l'antiquité n'en raconte aucune semblable. » Selon les uns, trois cent mille hommes, selon les autres, cent soixante-deux mille restèrent sur le champ de bataille. Le roi des Wisigoths, Théodoric, y fut tué. La bataille de Mauriac chassa les Huns de la Gaule, et fut dans ce pays la dernière victoire remportée encore au nom de l'Empire romain, mais en réalité au profit des nations germaniques qui l'avaient déjà conquise.

En effet, un siècle ne s'était pas écoulé que Clovis, roi des Francs, s'emparait de la plus grande partie du territoire de la Gaule et en particulier de Troyes (484), ainsi que de tout le pays environnant, qualifié, à partir du cinquième siècle, de Champagne (Campania), à cause de ses immenses plaines crayeuses.

Lors du partage des possessions de leur père par les fils de Clovis, la Champagne fut attribuée au royaume d'Austrasie dont Metz fut la capitale (511).

Cette province eut à souffrir des luttes sanglantes auxquelles donna lieu la rivalité des deux reines ennemies, Frédégonde et Brunehaut. Frédégonde était reine de Neustrie et Brunehaut d'Austrasie. Cette dernière eut souvent à lutter contre ses leudes, et l'un d'eux, Wintrio, duc de Champagne, qui, après s'être déclaré en sa faveur, conspirait contre elle, fut mis à mort par son ordre (598).

Les Sarrasins de l'Espagne, en 720, les Normands, en 889, s'emparèrent de Troyes, la réduisirent en cendres et pillèrent toute la contrée environnante. Au dixième siècle, les Normands reparurent une seconde fois, mais ils furent éloignés par l'évêque de Troyes, Ansegise. Cet évêque, profitant de l'ascendant que cet heureux résultat lui donnait sur ses concitoyens, essaya

Arcis-sur-Aube.

de supplanter le comte Robert, qui parvint à chasser de Troyes l'usurpateur. En vain l'évêque réclama-t-il le secours de l'empereur d'Allemagne, Othon, et vint-il avec une armée de Saxons mettre le siége devant la capitale du comté, il fut repoussé et contraint de se retirer.

Vers le commencement du douzième siècle, deux importants monastères furent fondés sur le territoire compris dans les limites du département, l'un à Clairvaux (1114), par saint Bernard, « le plus éloquent, le plus puissant et le plus pieusement désintéressé des chrétiens de son temps », dit M. Guizot; l'autre au Paraclet, par son illustre rival, Abélard, et dont Héloïse fut la première abbesse. Le premier se fit remarquer par son éloquence au concile de Troyes, en 1128, et par sa prédication de la seconde croisade (1147), qui n'eut aucun résultat et dont l'issue fut désastreuse.

En 1229, la reine Blanche de Castille, accompagnée de son fils Louis IX, accourut au secours de Thibaut IV, comte de Champagne, assiégé dans Troyes par les hauts barons révoltés contre le pouvoir de la régente. Le siége fut levé, mais, l'année suivante, les assiégeants revinrent avec des secours que leur accorda le roi d'Angleterre. Cette fois Thibaut fut vaincu. Il implora encore l'aide de la régente et du roi qui conclurent la paix pour lui, mais à la condition qu'il prendrait la croix.

L'expédition du comte de Champagne eut lieu au mois d'août 1239; mais elle fut aussi inutile que la précédente.

Vers ce temps commence la grande renommée des foires de Troyes où les marchands accouraient de tous les points de l'univers. Leur importance ne décrut qu'au seizième siècle, à la fin duquel elles disparurent pour être autorisées de nouveau en 1694.

La réunion de la Champagne à la couronne, qui fut définitive en 1361, était, d'ailleurs, désirée par les populations, comme le prouve le fait suivant. En 1328, le roi Philippe VI dit le Long, ayant donné à Philippe de Croï la ville de Bar-sur-Aube, les habitants la rachetèrent à ce dernier et la donnèrent de nouveau au roi, mais à la condition qu'elle serait désormais inaliénable.

Pendant la guerre de Cent ans et le règne déplorable de Charles VI, dont la femme, Isabeau de Bavière, et les oncles exploitaient la folie pour ruiner la France, le Parlement de Paris fut transféré à Troyes, en 1418, et, en 1420, l'un des plus honteux traités de notre histoire y fut signé par Charles VI et le roi d'Angleterre, Henri V. Par cet acte, le roi de France déshéritait son fils et donnait au roi d'Angleterres sa fille et la France.

Heureusement pour notre gloire nationale et pour notre indépendance, le Dauphin, qui monta bientôt sur le trône sous le nom de Charles VII, ne désespéra pas de sa cause. Il luttait mollement, il est vrai, quand une humble bergère, Jeanne d'Arc, inspirée par des voix divines, vint à son secours ; et, ranimant par sa parole et par son exemple les courages défaillants, elle

Bar-sur-Aube.

mena le roi d'Orléans à Reims, pour l'y faire sacrer. Cette héroïne, dans l'accomplissement de sa glorieuse mission, vint mettre le siége devant Troyes, et les bourgeois lui ouvrirent les portes au moment même où elle se préparait à l'assaut (9 juillet 1429).

La ville de Troyes fut la première à reconnaître le Dauphin (Louis XI) pour roi de France. Pendant près de six ans les Troyens s'efforcèrent de replacer sous l'autorité du roi les contrées comprises entre l'Yonne et la Marne. Par le traité d'Arras, Bar-sur-Seine et son comté firent partie de la Bourgogne et eurent jusqu'en 1789 leurs députés aux États de cette province, la Champagne étant alors pays d'élection. Les guerres de Louis XI contre les ducs de Bourgogne, eurent souvent pour théâtre les confins de cette province et de celles de Champagne. Troyes était alors le quartier général du roi de France.

La Champagne fut plusieurs fois encore envahie, notamment pendant les guerres de l'empereur Charles-Quint et de François Ier. Les troupes impériales incendiaient tout sur leur passage, et la ville de Troyes (1524) fut presque entièrement détruite par les flammes.

Le fanatisme ensanglanta diverses villes du département pendant les guerres civiles religieuses du seizième siècle. La Saint-Barthélemy (1572) y fit trop de victimes. La Ligue domina à Troyes à partir de 1588 et la plupart des villes n'ouvrirent leurs portes à Henri IV qu'après son abjuration (1593-1594).

Aucun événement digne d'une mention, si ce n'est l'exil du Parlement de Paris à Troyes (1787), n'eut lieu dans cette région jusqu'à la réunion des États généraux en 1789.

Le département de l'Aube fut constitué tel qu'il est encore aujourd'hui par le décret de l'Assemblée nationale du 15 janvier 1790. Pendant le règne de la Terreur, il jouit d'une assez grande tranquillité. A la fin du règne de Napoléon Ier, qui était sorti de l'école militaire de Brienne, des combats glorieux pour nos armes, mais inutiles, illustrèrent un grand nombre de localités dans le département de l'Aube. Bar-sur-Aube, Brienne, la Rothière, Troyes, Nogent-sur-Seine, Méry-sur-Seine, la Ferté-sur-Aube, Arcis-sur-Aube, souffrirent cruellement de la lutte désespérée que l'empereur et son armée soutinrent contre les alliés qui avaient envahi la France et qui étaient dix fois supérieurs en nombre (1814).

Vaincu malgré ses éclatantes victoires, Napoléon Ier abdiqua (11 avril 1814) à Fontainebleau, et reçut l'île d'Elbe en souveraineté ; puis Louis XVIII, frère de Louis XVI, fut déclaré roi de France (12 avril).

Mais une année ne s'était pas écoulée, que Napoléon quittait furtivement l'île d'Elbe, où il avait été exilé, et débarquait à Cannes (1er mars). Le 20 mars il arrivait Paris. Mais, le 18 juin suivant, il était complétement battu à Waterloo et abdiquait de nouveau le 21 juin.

Les armées alliées de l'Autriche, de la Russie, de la Prusse

Une rue de Troyes.

et de l'Angleterre, occupaient une partie du territoire de la France, et le département de l'Aube dut subir l'invasion et, pendant trois ans, l'occupation étrangères. Il ne fut évacué que le 30 novembre 1818.

Pendant la guerre de 1870-1871, il revit les armées prussiennes qui y levèrent des contributions énormes et s'y signalèrent par des actes odieux. Elles ne l'évacuèrent que le 19 août 1871, après une occupation de neuf mois et demi.

VI

Personnages célèbres.

Troisième siècle. — SAINT PARRE, premier martyr de Troyes (259). — SAINTE JULE, matrone troyenne, souffrit le martyre sous Aurélien (275).

Quatrième siècle. — SAINT AMATEUR, premier évêque de Troyes (340).

Cinquième siècle. — SAINTE GERMAINE, vierge martyre, née à Bar-sur-Aube, décapitée par ordre d'Attila (451).

Septième siècle. — SAINT FROBERT, premier abbé de Moustier-la-Celle, mort en 673.

Neuvième siècle. — HASTINGS ou HASTING, célèbre pirate, chef d'une troupe de Normands, né à Trancault (?).

Onzième siècle. — SALOMON JARCHI (1040-1105), célèbre rabbin, né à Troyes.

Douzième siècle. — PIERRE COMESTOR ou *le mangeur*, ainsi nommé à cause de son ardeur pour la lecture, théologien fameux, auteur d'une *Histoire scolastique*, né à Troyes. — CHRESTIEN, dit *de Troyes*, célèbre trouvère du moyen âge, mort au siége de Saint-Jean-d'Acre en 1191. — GEOFFROY, sire DE VILLEHARDOUIN (1155-1213), auteur de la chronique de la *Conqueste de Constantinople* par les croisés, né à Villehardouin. — HUON DE VILLENEUVE, trouvère, auteur du roman des *Quatre fils Aymon*, né à Méry-sur-Seine.

Treizième siècle. — JEAN DE BRIENNE, roi de Jérusalem et empereur de Constantinople, né à Brienne, mort à Constantinople en 1237. — JACQUES-PANTALÉON URBAIN IV, pape en 1261, né à Troyes (1185), mort à Pérouse (1264). — THIBAUT IV, dit *le Grand* (1201), comte de Champagne, roi de Navarre, célèbre par ses chansons, né à Troyes. — JEANNE DE NAVARRE (1272-1305), reine de France, épouse de Philippe le Bel, née à Bar-sur-Aube.

Quinzième siècle. — Jean de Troyes, chroniqueur, auteur d'une *Histoire de Louis XI.*

Seizième siècle. — Nicolas Bourbon, dit *l'Ancien* (1505-1550), poëte latin, précepteur de Jeanne d'Albret, né à Vendeuvre-sur-Barse. — Guillaume Le Bé (1525-1598), imprimeur et fondeur de caractères d'imprimerie. — Jean Passerat (1534-1602), poëte latin et français, l'un des auteurs de la *Satire Ménippée*, né à Troyes. — Pierre Pithou (1539-1596), célèbre jurisconsulte, collaborateur de la *Satire Ménippée*, né à Troyes. — Amadis Jamyn (1530-1585), poëte français, né à Chaource.

Dix-septième siècle. — Nicolas Bourbon, dit *le Jeune* (1574-1644), oratorien, membre de l'Académie française, né à Bar-sur-Aube. — Pierre de Bérulle (1575-1629), cardinal, homme d'État, né au château de Sérilly. — Pierre Mignard (1608-1668), grand peintre français, a peint à fresque la coupole du Val-de-Grâce, à Paris; ses tableaux et ses portraits sont très-recherchés; il est né à Troyes. — François Girardon (1628-1715), célèbre sculpteur, auteur du *mausolée de Richelieu* à la Sorbonne, un chef-d'œuvre; né à Troyes. — Edme Boursault (1638-1701), poëte comique, rival de Molière, né à Mussy-sur-Seine.

Dix-huitième siècle. — Pierre-Jean Grosley (1718-1785), érudit, membre de l'Académie des inscriptions et belles-lettres. — Nicolas Desmarest (1725-1815), physicien, mécanicien et géologue distingué, membre de l'Académie des sciences, né à Soulaines. — Georges-Jacques Danton (1759-1794), conventionnel fameux, né à Arcis-sur-Aube.

Dix-neuvième siècle. — Jacques-Claude, comte Beugnot (1761-1835), homme d'État, né à Bar-sur-Aube. — Sylvain-Charles, comte Valée (1773-1846), maréchal de France, né à Brienne-le-Château. — Louis-Jacques, baron Thénard (1777-1857), célèbre chimiste, né à la Louptière. — Alexandre du Sommerard (1779-1842), célèbre antiquaire, né à Bar-sur-Aube; c'est à lui qu'on doit le musée de Cluny. — Henry-Prudence Gambey (1787-1847), ingénieur-mécanicien, membre du bureau des longitudes et de l'Académie des sciences, né à Troyes. — JACQUES-NICOLAS PAILLOT DE MONTABERT (1771-1849), peintre et écrivain. — MARTIN-PIERRE GAUTHIER (1790-1855), architecte, membre de l'Institut. — PIERRE-NICOLAS GERDY (1797-1856), chirurgien, membre de l'Académie de médecine, né à Loches.

VII

Population, langue, culte, instruction publique.

La *population* de l'Aube s'élève, d'après le recensement de 1872, à 255,687 habitants (128,328 du sexe masculin, 127,359 du sexe féminin). A ce point de vue, c'est le 76e département, c'est-à-dire un des moins peuplés. Le chiffre des habitants, divisé par celui des hectares, donne environ 43 habitants par 100 hectares ou par kilomètre carré ; c'est ce qu'on nomme *population spécifique*. La France entière ayant 69 à 70 habitants par kilomètre carré, il en résulte que l'Aube renferme, à surface égale, 26 à 27 habitants de moins que l'ensemble de notre pays.

Depuis 1801, date du premier recensement officiel, l'Aube a gagné 24,232 habitants.

Le français est la seule langue parlée dans le département. Il n'existe pas de patois dans les campagnes, où l'on retrouve seulement quelques vieilles expressions inusitées aujourd'hui.

Presque tous les habitants de l'Aube sont catholiques. Sur les 261,931 habitants de 1866, on ne comptait que 629 protestants et 29 israélites.

Le nombre des *naissances* a été, en 1872, de 4,984 (dont 255 morts-nés) ; celui des *décès*, de 5,239 ; celui des *mariages*, de 2,433.

La *vie moyenne* est de 36 ans 5 mois.

Le *lycée* de Troyes a compté, en 1874, 470 élèves ; le *collège communal* de Bar-sur-Aube, 126 ; 7 *institutions secon-*

daires libres, 459 ; 620 *écoles primaires* (en 1870), 54,198 ;
27 *salles d'asile* (en 1873), 2,720.

Le recensement de 1873 a donné les résultats suivants :

Ne sachant ni lire ni écrire.	47,535
Sachant lire seulement.	14,873
Sachant lire et écrire.	190,310
Dont on n'a pu vérifier l'instruction.	2,969
Total.	255,687

Sur 35 accusés de crimes, en 1865, on a compté :

Accusés ne sachant ni lire ni écrire.	7
— sachant lire ou écrire imparfaitement.	23
— sachant bien lire et bien écrire.	4
— ayant reçu une instruction supérieure à ce premier degré.	1

VIII

Divisions administratives.

Le département de l'Aube forme le diocèse de Troyes (suffragant de Sens), — la 5ᵉ subdivision de la 4ᵉ division militaire (Châlons-sur-Marne) du 1ᵉʳ corps d'armée (Paris). — Il ressortit à la cour d'appel de Paris, — à l'Académie de Dijon, — à la 23ᵉ légion de gendarmerie (Orléans), — à la 3ᵉ inspection des ponts et chaussées, — à la 8ᵉ conservation des forêts (Troyes), — à l'arrondissement minéralogique de Troyes (division du Nord-Est), — à la région agricole Nord-Est. — Il comprend : 5 arrondissements (Troyes, Arcis-sur-Aube, Bar-sur-Aube, Bar-sur-Seine, Nogent-sur-Seine), 26 cantons, 446 communes.

Chef-lieu du département : TROYES.

Chefs-lieux d'arrondissement : TROYES, 38,113 habitants ; ARCIS-SUR-AUBE, 2,845 hab. ; BAR-SUR-AUBE, 4,453 hab. ; BAR-SUR-SEINE, 2,798 hab. ; NOGENT-SUR-SEINE, 3,474 hab.

AUBE.

Arrondissement de Troyes (156,953 hect.; 9 cant.; 120 com.; 98,848 h.).

1er *canton de Troyes* (12,806 hect.; 11 com.; 14,782 h.). — Benoit-sur-Seine (Saint-), 311 h. — Créney, 440 h. — Lavau, 201 h. — Maure (Sainte-), 636 h. — Mergey, 579 h. — Parres-les-Tertres (Saint-), 643 h. — Pont-Sainte-Marie, 559 h. — Troyes, 38,113 h. — Vailly, 242 h. — Villacerf, 422 h. — Villechétif, 415 h.

2e *canton de Troyes* (17,117 hect.; 13 com.; 20,629 h.). — Barberey, 513 h. — Chapelle-Saint-Luc (La), 402 h. — Lyé (Saint-), 911 h. — Macey, 378 h. — Montgueux, 351 h. — Noës (Les), 192 h. — Pavillon (Le), 280 h. — Payns, 695 h. — Rivière-de-Corps (La), 307 h. — Savine (Sainte-), 1,920 h. — Torvilliers, 396 h. — Villeloup, 252 h.

3e *canton de Troyes* (5,384 hect.; 7 com.; 16,963 h.). — André (Saint-), 822 h. — Bréviandes, 564 h. — Germain (Saint-), 545 h. — Julien (Saint-), 718 h. — Laines-aux-Bois, 517 h. — Rosières, 250 h.

Canton d'Aix-en-Othe (20,880 hect.; 10 com ; 9,539 h.). — Aix-en-Othe, 2,779 h. — Benoît-sur-Vannes (Saint-), 555 h. — Bérulles, 827 h. Maraye-en-Othe, 1,027 h. — Mards-en-Othe (Saint-), 1,633 h. — Nogent-en-Othe, 152 h. — Paisy-Cosdon, 517 h. — Rigny-le-Ferron, 1,195. — Villemoiron, 540 h. — Vulaines, 314 h.

Canton de Bouilly (19,571 hect.; 29 com.; 7,851 h.). — Assenay, 107 h. — Bordes (Les), 270 h. — Bouilly, 767 h. — Buchères, 508 h. — Cormost, 254 h. — Crésantignes, 442 h. — Fays, 220 h. — Isle-Aumont, 158 h. — Javernant, 232 h. — Jean-de-Bonneval (Saint-), 348 h. — Jeugny, 400 h. — Léger-près-Troyes (Saint-), 500 h. — Lirey, 240 h. — Longeville, 144 h. — Machy, 198 h. — Maupas (Les), 153 h. — Montceaux, 335 h. — Moussey, 320 h. — Pouange (Saint-), 202. — Prunay, 43 h. — Roncenay, 91 h. — Sommeval, 317 h. — Souligny, 311 h. — Thibault (Saint-), 382 h. — Vendue-Mignot (La), 340 h. — Villemereuil, 243 h. — Villery, 284 h. — Villy-le-Bois, 74 h. — Villy-le-Maréchal, 168 h.

Canton d'Ervy (21,534 h.; 15 com.; 9,705 h.). — Auxon, 1,502 h. — Chamoy, 678 h. — Chessy, 1,215 h. — Coursan, 274 h. — Courtaoult, 242 h. — Croûtes (Les), 247 h. — Davrey, 391 h. — Eaux-Puiseaux, 692 h. — Ervy, 1,648 h. — Montfey, 396 h. — Montigny, 504 h. — Phal (Saint-), 520 h. — Racines, 424 h. — Villeneuve-au-Chemin, 397 h. — Vosnon, 575 h.

Canton d'Estissac (17,400 hect.; 10 com.; 7,120 h.). — Bercenay, 606 h. — Bucey, 449 h. — Chennegy, 1,002 h. — Estissac, 1,893 h. — Fontvannes, 329 h. — Messon, 419 h. — Neuville-sur-Vanne, 500 h. — Prugny, 212 h. — Vauchassis, 798 h. — Villemaur, 912 h.

Canton de Lusigny (18,089 hect.; 14 com.; 6,462 h.). — Bouranton, 305 h. — Clérey, 701 h. — Courteranges, 254 h. — Fresnoy, 401 h. — Laubressel, 390 h. — Lusigny, 1,171 h. — Mesnil-Saint-Père, 555 h. — Montaulin, 453 h. — Montiéramey, 564 h. — Montreuil, 488 h. — Rouilly-Saint-Loup, 349 h. — Ruvigny, 200 h. — Chennelières, 177 h. — Verrières, 457 h.

Canton de Piney (24,172 hect.; 13 com.; 5,797 h.). — Assencières,

112 h. — Auzon, 264 h. — Bouy-Luxembourg, 249 h. — Brevonne, 829 h. — Doches, 322 h. — Gérosdot, 540 h. — Luyères, 230 h. — Mesnil-Sellières, 429 h. — Montangon, 252 h. — Onjon, 378 h. — Piney, 1,588 h. — Rouilly-Saccy, 348 h. — Villehardouin, 276 h.

Arrondissement d'Arcis-sur-Aube (128,813 hect.; 4 cant.; 93 com.; 33,457 h.).

Canton d'Arcis-sur-Aube (35,050 hect.; 22 com.; 9,604 h.). — Allibaudières, 352 h. — Arcis-sur-Aube, 2,845 h. — Aubeterre, 222 h. — Champigny, 178 h. — Charmont, 623 h. — Chêne (Le), 383 h. — Etienne (Saint-), 157 h. — Feuges, 118 h. — Fontaine-Luyères, 80 h. — Herbisse, 358 h. — Mailly, 571 h. — Montsuzain, 342 h. — Nozai, 10 h. — Ormes, 342 h. — Pouan, 843 h. — Remi (Saint-), 258 h. — Semoine, 454 h. — Torcy-le-Grand, 276 h. — Torcy-le-Petit, 212 h. — Villette, 213 h. — Villiers-Herbisse, 264 h. — Voué, 419 h.

Canton de Chavanges (17,779 hect.; 17 com.; 4,699 h.). — Arambécourt, 148 h. — Aulnay, 211 h. — Bailly-le-Franc, 172 h. — Balignicourt, 215 h. — Braux, 310 h. — Chalette, 265 h. — Chassericourt, 185 h. — Chavanges, 973 h. — Donnement, 195 h. — Jasseines, 338 h. — Joncreuil, 264 h. — Léger-sous-Margerie (Saint-), 224 h. — Lentilles, 376 h. — Magnicourt, 187 h. — Montmorency, 361 h. — Pars-lès-Chavanges, 161 h. — Villeret, 114 h.

Canton de Méry-sur-Seine (39,917 hect.; 26 com.; 11,733 h.). — Abbaye-sous-Plancy, 152 h. — Bessy, 245 h. — Boulage, 422 h. — Champfleury, 268 h. — Chapelle-Vallon, 421 h. — Charny-le-Bachot, 258 h. — Châtres, 591 h. — Chauchigny, 440 h. — Droupt-Saint-Bâle, 564 h. — Droupt-Sainte-Marie, 406 h. — Etrelles, 250 h. — Grandes-Chapelles (Les), 687 h. — Longueville, 318 h. — Méry-sur-Seine, 1,450 h. — Mesgrigny, 190 h. — Mesmin (Saint-), 588 h. — Oulph (Saint-), 313 h. — Plancy, 1,220 h. — Premierfait, 193 h. — Rhèges, 389 h. — Rilly-Sainte-Syre, 432 h. — Salon, 328 h. — Savières, 771 h. — Vallant-Saint-Georges, 485 h. — Viâpres-le-Grand, 140 h. — Viâpres-le-Petit, 212 h.

Canton de Ramerupt (38,047 hect.; 28 com.; 7,331 h.). — Aubigny, 147 h. — Avant-lès-Ramerupt, 250 h. — Brillecourt, 139 h. — Chaudrey, 316 h. — Coclois, 273 h. — Dampierre, 632 h. — Dommartin, 168 h. — Dosnon, 254 h. — Granville, 180 h. — Ile-sous-Ramerupt, 251 h. — Lhuître, 506 h. — Longsols, 224 h. — Mesnil-la-Comtesse, 104 h. — Mesnil-Lettre, 134 h. — Morembert, 86 h. — Nabord (Saint-), 285 h. — Nogent-sur-Aube, 541 h. — Ortillon, 65 h. — Poivre, 361 h. — Pougy, 538 h. — Ramerupt, 581 h. — Romaines, 68 h. — Trouan-le-Grand, 236 h. — Trouan-le-Petit, 143 h. — Vaucogne, 147 h. — Vaupoisson, 262 h. — Verricourt, 101 h. — Vinets, 359 h.

Arrondissement de Bar-sur-Aube (101,469 hect.; 4 cant.; 88 com.; 40,643 h.).

Canton de Bar-sur-Aube (29,885 hect.; 23 com.; 16,756 h.). — Ailleville, 217 h. — Arconville, 291 h. — Arrentières, 592 h. — Arsonval, 406

h. — Baroville, 675 h. — Bar-sur-Aube, 4,453 h. — Bayel, 967 h. — Bergères, 294 h. — Champignolle, 1,107 h. — Colombé-le-Sec, 348 h. — Couvignon, 660 h. — Engente, 150 h. — Fontaine, 315 h. — Jaucourt, 297 h. — Juvancourt, 297 h. — Lignol, 377 h. — Longchamps, 552 h. — Montier-en-l'Ile, 404 h. — Proverville, 336 h. — Rouvres, 399 h. — Urville, 531 h. — Ville-sous-Laferté, 2,771 h. — Voigny, 337 h.

Canton de Brienne-le-Château (24,558 hect.; 25 com.; 9,657 h.). — Bétignicourt, 98 h. — Blaincourt, 234 h. — Blignicourt, 77 h. — Brienne-la-Vieille, 615 h. — Brienne-le-Château ou Brienne-Napoléon, 1,886 h. — Christophe (Saint-), 61 h. — Courcelles, 62 h. — Dienville, 1,101 h. — Epagne, 241 h. — Hampigny, 360 h. — Lassicourt, 150 h. — Léger-sous-Brienne (Saint-), 377 h. — Lesmont, 625 h. — Maizières, 300 h. — Mathaux, 443 h. — Molins, 189 h. — Pel-et-Der, 431 h. — Perthes, 123 h. — Précy-Notre-Dame, 139 h. — Précy-Saint-Martin, 517 h. — Radonvilliers, 616 h. — Rances, 148 h. — Rosnay, 542 h. — Valentigny, 207 h. — Yèvres, 165 h.

Canton de Soulaines (23,285 hect.; 21 com.; 5,883 h.). — Chaise (La), 127 h. — Chaumesnil, 161 h. — Colombé-la-Fosse, 553 h. — Crespy, 224 h. — Eclance, 269 h. — Epothémont, 358 h. — Fresnay, 136 h. — Fuligny, 173 h. — Juzanvigny, 178 h. — Lévigny, 280 h. — Maisons-près-Soulaines, 120 h. — Morvilliers, 671 h. — Petit-Mesnil (Le), 328 h. — Rothière (La), 111 h. — Saulcy, 190 h. — Soulaines, 805 h. — Thil, 568 h. — Thors, 180 h. — Vernonvilliers, 184 h. — Ville-aux-Bois-lès-Soulaines, 75 h. — Ville-sur-Terre, 412 h.

Canton de Vendeuvre-sur-Barse (23,941 hect.; 19 com.; 8,347 h.). — Amance, 544 h. — Argançon, 373 h. — Bligny, 891 h. — Bossancourt, 387 h. — Champ-sur-Barse, 68 h. — Dolancourt, 281 h. — Fravaux, 145 h. — Jessains, 369 h. — Juvanzé, 88 h. — Loge-aux-Chèvres (La), 253 h. — Magni-Fouchard, 333 h. — Maison-des-Champs, 89 h. — Meurville, 403 h. — Spoy, 621 h. — Trannes, 571 h. — Unienville, 521 h. — Vauchonvilliers, 555 h. — Vendeuvre-sur-Barse, 1,942 h. — Villeneuve-au-Chêne (La), 555 h.

Arrondissement de Bar-sur-Seine (122,689 hect.; 5 cant.; 85 com.; 46,803 h.).

Canton de Bar-sur-Seine (28,444 hect.; 22 com.; 11,060 h.). — Bar-sur-Seine, 2,798 h. — Bourguignons, 466 h. — Briel, 322 h. — Buxeuil, 355 h. — Chappes, 296 h. — Chauffour-lès-Bailly, 210 h. — Courtenot, 275 h. — Fouchères, 502 h. — Fralignes, 194 h. — Jully-sur-Sarce, 327 h. — Marolles-lès-Bailly, 279 h. — Merrey, 537 h. — Parres-les-Vaudes (Saint-), 445 h. — Poligny, 98 h. — Rumilly-les-Vaudes, 574 h. — Vaudes, 414 h. — Villemorien, 273 h. — Villemoyenne, 553 h. — Ville-sur-Arce, 781 h. — Villiers-sous-Praslin, 268 h. — Villy-en-Trodes, 421 h. — Virey-sous-Bar, 472 h.

Canton de Chaource (36,411 hect.; 26 com; 10,994 h.). — Avreuil, 379 h. — Balnot-la-Grange, 364 h. — Bernon, 445 h. — Chaource, 1,546 h. — Chaserey, 166 h. — Chesley, 754 h. — Coussegrey, 493 h. — Cussangy, 566 h. — Étourvy, 475 h. — Granges (Les), 145 h. — Lagesse, 443 h. — Lantages, 525 h. — Lignières, 574 h. — Loge-Pontblain (La), 156 h. — Loges-Margueron (Les), 402 h. — Maisons-près-Chaource (Les), 519 h. — Marolles-sous-Lignières, 602 h. — Metz-Robert, 111 h. — Pargues, 431 h. — Praslins. 208 h. — Prusy, 217 h. — Turgy, 185 h. — Vallières, 357 h. — Vanlay, 715 h. — Villiers-le-Bois, 525 h. — Vougrey, 97 h.

Canton d'Essoyes (31,591 hect.; 21 com.; 11,582 h.). — Bertignolles, 257 h. — Beurey, 437 h. — Buxières, 586 h. — Chacenay, 219 h. — Chervey, 500 h. — Cunfin, 904 h. — Eguilly, 310 h. — Essoyes, 1,596 h. — Fontette, 541 h. — Landreville, 1,426 h. — Loches, 1,226 h. — Longpré, 259 h. — Magnant, 422 h. — Montmartin, 177 h. — Noé-les-Mallets, 378 h. — Puits-et-Nuisement, 325 h. — Thieffrain, 295 h. — Usage (Saint-), 306 h. — Verpillières, 459 h. — Vitry-le-Croisé, 891 h. — Viviers, 280 h.

Canton de Mussy-sur-Seine (11,860 hect.; 8 com.; 6,939 h.). — Celles, 916 h. — Courteron, 475 h. — Gyé-sur-Seine, 1,196 h. — Mussy-sur-Seine, 1,717 h. — Neuville-sur-Seine, 880 h. — Plaines, 803 h. — Polisot, 486 h. — Polisy, 466 h.

Canton des Riceys (14,585 hect.; 8 com.; 6,228 h.). — Arelles, 562 h. — Avirey-Lingey, 676 h. — Bagneux, 673 h. — Balnot-sur-Laignes, 420 h. — Beauvoir, 244 h. — Bragelogne, 546 h. — Channes, 350 h. — Riceys (Les), 2,957 h.

Arrondissement de Nogent-sur-Seine (90,215 hect.; 4 cant.; 60 com.; 35,936 h.).

Canton de Nogent-sur-Seine (20,271 hect.; 16 com.; 10,500 h.). — Aubin (Saint-), 609 h. — Bouy-sur-Orvin, 124 h. — Courceroy, 254 h. — Fontenay-de-Bossery, 94 h. — Gumery, 545 h. — Louptière-Thénard (La), 583 h. — Mâcon, 609 h. — Marnay, 422 h. — Mériot (Le), 604 h. — Motte-Tilly, 493 h. — Nicolas (Saint-), 184 h. — Nogent-sur-Seine, 3,474 h. — Plessis-Gâteblé, 112 h. — Pont-sur-Seine, 854 h. — Soligny-les-Etangs, 559 h. — Trainel, 1,580 h.

Canton de Marcilly-le-Hayer (40,788 hect.; 22 com.; 8,862 h.). — Avant-lès-Marcilly, 571 h. — Avon-la-Pèze, 274 h. — Bercenay-le-Hayer, 289 h. — Bourdenay, 249 h. — Charmoy, 96 h. — Dierrey-Saint-Julien, 379 h. — Dierrey-Saint-Pierre, 331 h. — Echemines, 154 h. — Faux-Villecerf, 515 h. — Fay, 194 h. — Flavit (Saint-), 257 h. — Marcilly-le-Hayer, 737 h. — Marigny-le-Châtel, 536 h. — Mesnil-Saint-Loup, 592 h. — Pâlis, 1,371 h. — Planty, 696 h. — Pouy, 436 h. — Prunay-Belleville, 278 h. — Rigny-la-Nonneuse, 259 h. — Somme-Fontaine-Saint-Lupien, 255 h. — Trancault, 325 h. — Villadin, 488 h.

Canton de Romilly-sur-Seine (21,026 hect.; 15 com.; 11,910 h.). — Crancey, 548 h. — Ferreux, 532 h. — Fontaine-les-Grès, 483 h. — Fosse-Cordouan (La), 278 h. — Gelannes, 609 h. — Hilaire (Saint-), 401 h. — Loup-de-Buffigny (Saint-), 245 h. — Maizières-la-Grande-Paroisse, 1,513 h. — Martin-de-Bossenay (Saint-), 548 h. — Origny-le-Sec, 849 h.

— Orvilliers, 518 h. — Ossey-les-Trois-Maisons, 322 h. — Pars-lès-Romilly, 246 h. — Quincey, 188 h — Romilly-sur-Seine, 5,030 h.
Canton de Villenauxe (8,130 hect.; 7 com.; 4,864 h.). — Barbuise, 579 h. — Montpothier, 484 h. — Périgny-la-Rose, 192 h. — Plessis-Barbuise, 231 h. — Saulsotte (La), 795 h. — Villenauxe, 2,361 h. — Villeneuve-au-Châtelot, 224 h.

IX

Agriculture.

Sur les 600,144 hectares du département, on compte en nombres ronds :

Terres labourables.	399,000 hectares.
Prés.	38,000
Vignes.	22,000
Bois.	83,000
Landes.	17.500

Le reste se partage entre les farineux, les cultures potagères, maraîchères et industrielles, les étangs, les emplacements de villes, de bourgs, de villages, de fermes, les surfaces prises par les routes, les cimetières, etc.

En nombres ronds, on compte dans le département 39,500 chevaux, ânes et mulets; 98,700 bœufs, 356,000 moutons, près de 42,500 porcs, plus de 3,800 chèvres et 25,000 chiens.

L'Aube est un département agricole. La division de la propriété foncière ne laisse que fort peu de place aux grandes exploitations, excepté dans le canton de Nogent et dans celui de Romilly, dépendance de la Brie. Partout ailleurs, il y a beaucoup de petits cultivateurs dont le plus grand nombre est propriétaire.

L'agriculture est généralement bien entendue ; mais dans une partie du département de l'Aube, le sol est loin d'être fertile. Au nord et au nord-est, la *Champagne Pouilleuse*, région crayeuse, pauvre en terre végétale, ne produit que de l'avoine, du seigle et un peu de froment. Dans le but d'en améliorer le sol, on y a fait, il y a quelques années, de grandes plantations de pins d'Écosse et d'Autriche. Le reste du pays est généralement très productif. Les *grains* de toute espèce, — froment, seigle, méteil, avoine, orge, navette, colza; — les *légumes*, — pommes de terres, haricots, navets (on estime ceux de Montgueux), — s'y récoltent en abondance. Le territoire de Saint-André, près de Troyes, est presque exclusivement consacré à la culture de l'ail et de l'échalotte. Le *chanvre* réussit surtout aux environs de Troyes et de Bar-sur-Seine.

Les grandes vallées de la Seine et de l'Aube et les vallées secondaires de l'Armance, de l'Hozain, de l'Auzon, de la Barse, de la Voire, rivières à débordements d'hiver, sont riches en *prairies naturelles*, dont les fourrages servent à l'approvisionnement de Paris et nourrissent de nombreuses têtes de bétail. Le lait des vaches sert à fabriquer les excellents *fromages de Troyes*, qui se fabriquent presque exclusivement à Barberey. Néanmoins on nomme avec avantage les fromages d'Ervy, de Chaource, etc. Les moutons sont également estimés. Le long de la Barse et de la Voire barbottent des troupeaux d'oies et de canards. Le canton de Chavanges nourrit une grande quantité de dindons.

On récolte de bons **vins** dans les arrondissements de Bar-sur-Aube et de Bar-sur-Seine, notamment à Ricey ou dans les environs, et dans la vallée de l'Ource et dans celle de l'Arce. L'arrondissement de Troyes a quelques vignes dans le canton d'Ervy (Chamoy, Montigny), et sur les revers méridionaux de la contrée d'Othe, où les meilleurs crus sont ceux de Bouilly, Souligny et Laines-aux-Bois. Dans l'arrondissement de Nogent, on trouve des vignobles aux environs du chef-lieu et dans le canton de Villenauxe. L'arrondissement d'Arcis ne récolte pas de vins.

L'Aube possède de vastes **forêts** peuplées de chevreuils et de sangliers et dont les plus importantes sont celles de Clairvaux, de Beauregard, de Soulaines, de Bossican, de Chaource, d'Aumont, de Rumilly, d'Othe et du Grand-Orient. Enfin, de belles *pépinières* d'arbres fruitiers et forestiers existent à Bar-sur-Seine, Croncels (faubourg de Troyes), Méry-sur-Seine, à Brienne.

X

Industrie.

Le département de l'Aube se fait remarquer par son activité industrielle, et l'exploitation des mines et carrières y occupe un certain nombre de bras. Treize *minières de fer* (à Vendeuvre, Marolles-sous-Lignières, etc.), employant ensemble une trentaine d'ouvriers, produisent chaque année 120,000 quintaux métriques de métal. Les vallées de la Vanne et de l'Ardusson, et celle de la Seine, entre Méry et Courceroy, donnent 50,000 quintaux métriques de *tourbe*, recueillis par 120 ouvriers. Parmi les 160 *carrières* du département, il faut citer celles de Mussy, de Bar-sur-Aube et de Bar-sur-Seine, dont la pierre est estimée, et les carrières des environs de Clairvaux, qui produisent une grande quantité de chaux hydraulique expédiée au loin. Le *grès à paver* vient des environs de Nogent, de la Saulsotte, etc. ; la *pierre à chaux* se rencontre sur tout le territoire ; l'*argile à tuileries*, dans les communes d'Amance, de Briel, de Mesnil-Saint-Père, de Lusigny, et dans les cantons de Vendeuvre, de Brienne, de Chaource, d'Ervy, d'Aix-en-Othe, etc. ; de nombreuses carrières donnent une craie friable servant à fabriquer le blanc d'Espagne ou *blanc de Troyes*. Il existe dans certaines localités des *carrières de marbre* et de *pierres lithographiques*, des gisements de *marne* et de *terre à creusets*, etc. Enfin, la Chapelle-Godefroy, hameau de Saint-Aubin, possède des *eaux minérales* froides, carbonifères, ferrugineuses, employées quelquefois contre les embarras gastriques. La source de Fuligny est également ferrugineuse. Une source ferrugineuse acidulée située dans la forêt d'Orient, fournit une eau recommandée aux jeunes filles et aux natures débiles. On en fait usage depuis quelques années seulement.

L'*industrie métallurgique* est représentée : par la grande

usine avec *hauts-fourneaux* établie depuis trente-cinq ans à Villeneuve-au-Chêne, et approvisionnée de minerai de fer recueilli dans le voisinage ; par les *forges* de Clairvaux et de Dinteville et le *haut-fourneau* de Montigny-sur-Aube. A Plaines sont établis des *laminoirs* à petit fer et une *tréfilerie* d'où sort chaque année environ 26,000 quintaux métriques de fil de fer.

Mais l'industrie la plus importante de l'Aube est celle qui a pour élément principal la fabrication des tissus de laine et de coton, et surtout de la **bonneterie**. Cette industrie occupe **11 filatures** de coton, 5 de laine, et 15,000 métiers à bonneterie. Troyes, qui en est le centre, compte à elle seule 18 filatures de laine et de coton, dont la production annuelle est évaluée à 8 millions de francs. Les nombreuses fabriques de bas, mitaines et gants tricotés, bonneterie, etc., de cette ville représentent une valeur annuelle de 4 millions, et la production totale de son industrie s'élève à 40 millions. Romilly, Arcis-sur-Aube et de nombreux villages se livrent également à une fabrication considérable de bonneterie. Les cotons filés proviennent de Rouen, de Bar-le-Duc, etc. La laine filée est produite surtout par les filatures d'Amiens.

Le département possède, en outre : 21 tanneries (notamment à Troyes, Bar-sur-Aube, Bar-sur-Seine, Villenauxe-la-Grande, etc.), des mégisseries (à Villenauxe), 27 teintureries, 5 papeteries, dont la plus importante est à Troyes, au Moulin-le-Roi ; 7 blanchisseries de toiles, 5 fabriques de toiles cirées (à Bar-sur-Aube, etc.), 96 distilleries, 12 fonderies de suif, 6 brasseries (à Troyes notamment), 49 huileries, une fabrique de couperose à Plaines, des fabriques de chocolat (Troyes, Villenauxe), de corderies (Nogent-sur-Seine, Piney), d'engrais et de noir animal aux Hauts-Clos, près de Troyes ; de savon blanc, de fleurs artificielles, de carrosserie et de charcuterie renommée dans cette dernière ville ; une fabrique de porcelaine, à Villenauxe-la-Grande ; 2 verreries, 2 faïenceries (à Vendeuvre et à Revigny), 24 poteries (notamment à Villy-en-Trode et à Amance, où l'on fabrique, depuis quelques années, de la poterie de grès d'une excellente qualité), 120 tuileries, et 445 moulins à eau ou à vent, dont les plus importants sont à Troyes, à Nogent, à Bar-sur-Seine, à Chérey, à Arcis, à Bar-sur-Aube et à Voué, sur la Barbuise.

XI

Commerce, chemins de fer, routes.

Le département de l'Aube *importe* des laines et cotons bruts pour ses filatures et ses fabriques de bonneterie, des porcs de la Marne et des départements voisins pour la charcuterie de Troyes, des articles d'épicerie, de librairie, de nouveautés ; des denrées coloniales, des sucres de betteraves, des objets de verrerie, des machines à vapeur pour ses fabriques, du sel, du poisson frais, de l'huile d'olives, des fruits secs du Midi, etc., et environ 350,000 quintaux métriques de houille venant de Ronchamp (Haute-Saône), de Commentry (Allier), de la Loire, du Creuzot et de Blanzy (Saône-et-Loire), de Valenciennes (Nord), de Sarrebruck (Allemagne) et de Belgique.

Il *exporte* des bois de charpente, des planches, du charbon, des grains, des haricots, des vins, du chanvre, des légumes secs, des fromages très-estimés, des farines, des fourrages, de la charcuterie, de la bonneterie, du blanc de Troyes, des toiles de coton, des poteries et généralement tous les produits de son industrie agricole et manufacturière.

Le département de l'Aube est traversé par quatre chemins de fer d'un développement total de 282 kilomètres et demi.

1° Le chemin de fer *de Paris à Belfort*, remontant la vallée de la Seine, entre dans le département de l'Aube à 4 kilomètres et demi en deçà de la station de Nogent-sur-Seine. Il dessert Nogent, Pont-sur-Seine, Romilly, Maizières, Mesgrigny, Saint-Mesmin, Savières, Payns, Saint-Lyé, Barberey et Troyes. Au delà de Troyes, il s'éloigne du fleuve et s'élève sur des collines pour gagner la vallée de l'Aube. Il passe ensuite aux gares de

Rouilly-Saint-Loup, Lusigny, Montiéramey, Vendeuvre, Jessains, Arsonval, Bar-sur-Aube, Bayel et Clairvaux, puis entre dans le département de la Haute-Marne. Parcours, 130 kilomètres et demi.

2° Le chemin de fer *de Troyes à Châtillon-sur-Seine* a pour stations : Saint-Julien, les Maisons-Blanches-Verrières, Clérey, Saint-Parres-lès-Vaudes, Fouchères-Vaux, Courtenot-Lenclos, Bar-sur-Seine, Polisot, Gyé-sur-Seine, Plaines et Mussy, échelonnées le long de la Seine qu'il côtoie. A 1 kilomètre au delà de Mussy, il pénètre dans le département de la Côte-d'Or. Parcours, 53 kilomètres.

3° La ligne *de Romilly-sur-Seine à Épernay* n'a pas de station dans l'Aube. Elle entre dans la Marne, en franchissant la Seine, à 3 kilomètres de Romilly.

4° Le chemin de fer *d'Orléans à Châlons* entre dans le département de l'Aube à 1 kilomètre au delà de Bagneaux (Yonne) et en sort à 3 kilomètres au delà de Mailly-le-Petit, pour entrer dans la Marne, après un parcours de 96 kilomètres, pendant lesquels il dessert Vulaines, Saint-Benoît, Aix-en-Othe, Estissac, Fontvannes, Messon, Troyes, Lavau, Créney, Assencières, Charmont, Montsuzain, Voué, Saint-Étienne, Arcis-sur-Aube, Allibaudière, Herbisse et Mailly.

Enfin, deux nouvelles lignes, qui doivent être prochainement concédées, ont été projetées d'Amiens à Dijon par Troyes et de Courtaoult à Lentilles.

Les voies de communication comptent 4,134 kilomètres, savoir :

4 chemins de fer.			282 k. 1/2
5 routes nationales.			379
15 routes départementales.			353 1/2
1,107 chemins vicinaux.	25 de grande communication.	541	3,021
	35 de moyenne communication.	649 1/2	
	1,047 de petite communication.	1,830 1/2	
2 rivières navigables.			65 1/2
1 canal et canalisation de la Seine en plusieurs endroits			32 1/2

XII

Villes, bourgs, villages et hameaux curieux.

Aix-en-Othe, chef-lieu de canton. ⟶ Restes de bains romains. — Dans l'église, tableaux sur cuivre et sur bois du xvi° siècle; tapisseries de la même époque.

Allibaudières, canton d'Arcis-sur-Aube. ⟶ Débris romains.

Amance, canton de Vendeuvre. ⟶ Source intermittente d'Andoujeux.

André (Saint-), canton de Troyes. ⟶ Église du xvi° siècle; portail principal de 1549 (monument historique[1]); bas-relief en cuivre doré, du xii° siècle; chaire et tabernacle en bois sculpté, du xv° siècle; tissu du xiii° siècle.

Arcis-sur-Aube, chef-lieu d'arrondissement. ⟶ Beau pont en pierre. — Église du xvi° siècle (monument historique).

Auxon, canton d'Ervy. ⟶ Église du xvi° siècle; joli portail de la Renaissance; beau retable en pierre de la même époque.

Avant-lès-Marcilly, canton de Marcilly-le-Hayer. ⟶ Monuments druidiques.

Bar-sur-Aube, chef-lieu d'arrondissement. ⟶ Sur l'Aube, *pont* du xv° siècle, restauré de nos jours, sur lequel se trouve une chapelle expiatoire de la même époque. — L'église *Saint-Pierre* (monument historique) est une œuvre remarquable des xii° et xiii° siècles; deux beaux porches gothiques; chapelles de la nef (xvi° siècle); à l'O. et sur le flanc S. de l'église, galeries en bois du xvi° siècle; belles sculptures de la *chapelle des Vignerons*. — *Chapelle Saint-Jean*, élevée par les chevaliers de ce nom (xii°-xiii° siècles). — *Hôpital Saint-Nicolas*; salle du xii° siècle, servant de magasin; chapelle de la fin du xii° siècle. — De la *maison* dite *le Petit-Clairvaux*, appartenant à l'abbaye de Clairvaux, il reste une magnifique *cave* de la fin du xii° siècle. — Pan de mur du xv° siècle, reste de l'*hôpital du Saint-Esprit*. — *Église de Saint-Maclou*; la sacristie, en partie du xii° siècle (monument historique), passe pour avoir été la *chapelle* de l'ancien château des comtes de Bar; le reste est du xiv° et du xviii° siècle; pierres tumulaires du xv° et du xvi° siècle; clocher central en bois. Sur le flanc N., tour du xiii° siècle. — Pans de murs des anciennes *fortifications* (xiii° siècle). Les fossés, en partie comblés, sont couverts de jardins et de promenades. — Au S., sur une colline de 299 mèt., *chapelle de Sainte-Germaine*, (belle vue). — Près de cette chapelle, retranchements ou refuge gaulois.

Bar-sur-Seine, chef-lieu d'arrondissement. ⟶ Ancien *pont*, remanié, sur la Seine. — Sur un promontoire qui domine la ville, ruines de l'ancien *château*. — Église des xvi° et xvii° siècles; belles verrières du xvi° siècle. — *Maisons* sculptées du xvi° siècle. — A 5 kil. de la ville, ancienne *commanderie d'Avaleur* (xvi° siècle), chapelle du xii° siècle.

Barbuise, canton de Villenauxe. ⟶ Dans l'église, pierre tumulaire remarquable du xiv° siècle et retable orné de quatorze émaux peints.

Bayel, canton de Bar-sur-Aube. ⟶ Ruines du prieuré de Belroi (xii°-xiii° siècles); cellier du xiii° siècle. — Dans l'église (abside et chœur du xii° siècle), statues peintes du xiv° siècle.

---

[1] On appelle *monuments historiques* les édifices reconnus officiellement comme présentant de l'intérêt au point de vue de l'histoire de l'art, et susceptibles, pour cette raison, d'être subventionnés par l'État.

Bar-sur-Seine.

Benoît-sur-Vanne (Saint-), canton d'Aix-en-Othe. ⇒ Belles sources d'Armentières, au pied de coteaux boisés d'un aspect sombre et pittoresque. — Château du XVI⁰ siècle, bien conservé, avec donjon.

Bérulles, canton d'Aix-en-Othe. ⇒ Église (monument historique) du XVI⁰ siècle ; belles verrières ; fonds baptismaux ornés de sculptures et de bas-reliefs.

Bouilly, chef-lieu de canton. ⇒ Église : beau retable en pierre du XVI⁰ siècle.

Bourguignons, canton de Bar-sur-Seine. ⇒ Dans l'église, beaux vitraux du XVI⁰ siècle.

Braux, canton de Chavanges. ⇒ Dans l'église, carreaux émaillés et vitraux du XVI⁰ siècle.

Brienne-la-Vieille, canton de Brienne-Napoléon. ⇒ Église des XII⁰ et XVI⁰ siècles ; beaux vitraux du XVI⁰ siècle ; couverture en tuiles émaillées, de la même époque. — Ruines (XII⁰ siècle) de l'abbaye de Basse-Fontaine.

Brienne-Napoléon ou le Château, chef-lieu de canton. ⇒ Église des XIV⁰ et XVI⁰ siècles ; bénitier de 1550, beaux vitraux et retable en pierre sculptée du XVI⁰ siècle. — Hôtel de ville et belle place exécutés au moyen d'un legs de Napoléon Iᵉʳ. — Sur la place, statue en bronze, sur piédestal en marbre vert d'Égypte, représentant Napoléon en costume d'élève de l'école militaire de Brienne. — Sur une butte en partie artificielle, magnifique château construit de 1780 à 1785 par l'architecte Fontana ; vastes et beaux jardins.

Celles, canton de Mussy-sur-Seine. ⇒ Ruines importantes de l'abbaye cistercienne de Mores ; les débris de l'église et du cloître datent du XII⁰ siècle.

Chacenay, canton d'Essoyes. ⇒ Château féodal, restauré avec luxe dans le goût du XV⁰ siècle.

Channes, canton de Riceys. ⇒ Vestiges d'un ancien château des ducs de Bourgogne, entouré de fossés profonds.

Chaource, chef-lieu de canton. ⇒ Église du XVI⁰ siècle (monument historique) ; vitraux anciens ; beaux autels et retables du XVII⁰ siècle ; Saint Sépulcre du XVI⁰ siècle avec statues. — Maisons de bois sculpté, des XV⁰ et XVI⁰ siècles. — Trois belles fontaines publiques.

Chapelle-Saint-Luc (La), 2⁰ canton de Troyes. ⇒ Dans l'église, carreaux émaillés, vitraux et deux beaux retables du XVI⁰ siècle.

Chappes, canton de Bar-sur-Seine. ⇒ Dans l'église, vitraux du XVI⁰ siècle (monument historique).

Chauffour-lès-Bailly, canton de Bar-sur-Seine. ⇒ Dans l'église, vingt-quatre panneaux en bois du XVI⁰ siècle, très-remarquables.

Chavanges, chef-lieu de canton.

Clairvaux, commune de Ville-sous-la-Ferté. ⇒ Maison centrale de détention, établie dans les vastes bâtiments (XVIII⁰ siècle) de la célèbre abbaye de Clairvaux, fondée (1115) et gouvernée (1115-1153) par saint Bernard ; il reste des constructions primitives quelques fragments et surtout un grand cellier, d'une conservation parfaite. Dans la chapelle Sainte-Anne, tableau du XVI⁰ siècle.

Clérey, canton de Lusigny. ⇒ Beau retable du XVI⁰ siècle, dans l'église.

Colombé-le-Sec, canton de Bar-sur-Aube. ⇒ Au Cellier, remarquable vendangeoir voûté de l'abbaye de Clairvaux. — Église (XII⁰ et XVI⁰ siècles) ; nombreux carreaux émaillés ; magnifique triptyque en bois peint du XVI⁰ siècle.

Créney, 1ᵉʳ canton de Troyes. ⇒ Jolie église du XVI⁰ siècle ; belles verrières et tabernacle en bois doré de la même époque.

Crésantignes, canton de Bouilly. ⇒ Dans l'église, retable à statues, du XVI⁰ siècle.

Cussangy, canton de Chaource. ⇒ Église du XVI⁰ siècle.

Dampierre, canton de Ramerupt. ⇒ Église (XII⁰ et XVI⁰ siècles ; tour haute de 43 mètres, renfermant le remarquable tombeau (1522) de Pierre de Launoy. ⇒ Château avec fossés, bâti par Mansart (1671).

Ervy, chef-lieu de canton. ⇒

Église des xv° et xvi° siècles, monument historique; dix belles verrières et nombreuses statues de la Renaissance.

Essoyes, chef-lieu de canton. ⟶ Église moderne, style du xiii° siècle.

Estissac, chef-lieu de canton.

Étrelles, canton de Méry-sur-Seine. ⟶ Camp présumé romain, près d'un lieu où, suivant quelques auteurs, aurait été battu Attila.

Fontaine, canton de Bar-sur-Aube. ⟶ Beau pont des xii°, xviii° et xix°

Portail de Saint-André, à Troyes.

siècles, établi sur des fondations romaines.

Fontvannes, canton d'Estissac. ⟶ Dans l'église, deux tableaux sur bois, et retable en bois sculpté de la Renaissance.

Fosse-Cordouan (La), canton de Romilly. ⟶ Dolmen.

Fouchères, canton de Bar-sur-Seine. ⟶ Église du xii° siècle; chapelle sépulcrale de 1575, avec vitraux de la même époque (monuments historiques);

4

belle croix processionnelle du xvi⁰ siècle. — Pont des xvi⁰ et xviii⁰ siècles, sur la Seine.

Fravaux, canton de Vendeuvre. ⟶ Église du xii⁰ siècle; peintures murales du xiii⁰ siècle.

Germain (Saint-), 3⁰ canton de Troyes. ⟶ Église, vitraux, statues et tableaux du xvi⁰ siècle.

Géraudot, canton de Piney. ⟶ Église des xii⁰ et xvi⁰ siècles; retable, vitraux et carreaux émaillés du xvi⁰ siècle.

Grandes-Chapelles (Les), canton de Méry-sur-Seine. ⟶ Église du xiv⁰ au xvi⁰ siècle; chapiteau roman servant de bénitier; carreaux émaillés.

Granville, canton de Ramerupt. ⟶ Église des xiii⁰ et xvi⁰ siècles; beaux vitraux.

Gyé-sur-Seine, canton de Mussy. ⟶ Ruines importantes d'un château du xii⁰ siècle.

Isle-Aumont, canton de Bouilly. ⟶ Église du xii⁰ siècle, renfermant un retable du xvi⁰ siècle.

Jaucourt, canton de Bar-sur-Aube. ⟶ Église renfermant un reliquaire en vermeil du xiv⁰ siècle. — Ruines d'un château très-considérable; belle chapelle du xiii⁰ siècle.

Julien (Saint-), 3⁰ canton de Troyes. ⟶ Belle église du commencement du xvi⁰ siècle, renfermant un magnifique triptyque, orné de peintures sur bois, des vitraux et des statues de la même époque.

Jully-sur-Sarce, canton de Bar-sur-Seine. ⟶ Enceinte d'un château qui a joué un rôle important pendant les guerres du xv⁰ siècle.

Juvancourt, canton de Bar-sur-Aube. ⟶ Cloche du xiv⁰ siècle.

Laines-aux-Bois, 3⁰ canton de Troyes. ⟶ Église et verrières du xvi⁰ siècle. — Restes du château de Montaigu (xiv⁰ siècle), sur l'emplacement d'une enceinte gallo-romaine entourée de fossés.

Laubressel, canton de Lusigny. ⟶ L'église et son retable datent du xvi⁰ siècle.

Léger-près-Troyes (Saint-), canton de Bouilly. ⟶ Belle église avec beaux vitraux (xvi⁰ siècle).

Léger-sous-Margerie (Saint-), canton de Chavanges. ⟶ Église en bois du xvi⁰ siècle; statues de la même époque.

Lesmont, canton de Brienne. ⟶ Dans la sacristie, croix processionnelle à émaux, du xii⁰ siècle.

Lhuître, canton de Ramerupt. ⟶ Église, monument historique, des xii⁰, xiii⁰ et xvi⁰ siècles; belle flèche en bois; retables et vitraux du xvi⁰ siècle.

Lignol, canton de Bar-sur-Aube. ⟶ Église renfermant un retable peint de la Renaissance.

Loge-aux-Chèvres (La), canton de Vendeuvre. ⟶ Église en bois du xvi⁰ siècle.

Longpré, canton d'Essoyes. ⟶ Dans l'église, beaux vitraux du xvi⁰ siècle.

Loup-de-Buffigny (Saint-), canton de Romilly. ⟶ Menhir dit Pierre-à-l'Abbé.

Lusigny, chef-lieu de canton.

Luyères, canton de Piney. ⟶ Église des xv⁰ et xvi⁰ siècles; jubé, carreaux émaillés et 46 panneaux sculptés du xvi⁰ siècle.

Magny-Fouchard, canton de Vendeuvre. ⟶ Église des xiii⁰ et xvi⁰ siècles.

Maizières, canton de Brienne. ⟶ Dans l'église, beaux vitraux du xvi⁰ siècle.

Marcilly-le-Hayer, chef-lieu de canton. ⟶ Deux dolmens.

Marigny-le-Châtel, canton de Marcilly-le-Hayer. ⟶ Dans l'église, retable en pierre du xvi⁰ siècle.

Maure (Sainte-), premier canton de Troyes. ⟶ Belle église du xvi⁰ siècle; sarcophage de sainte Maure, morte au ix⁰ siècle, ce sarcophage remonte à l'époque romaine; retable et banc seigneurial sculptés, du xvi⁰ siècle.

Mergey, canton de Bouilly. ⟶ Beaux vitraux du xvi⁰ siècle, dans l'église.

Méry-sur-Seine, chef-lieu de canton. ⟶ Église des xii⁰ et xvi⁰ siècles; chapiteaux romans ornés de bas-reliefs. — Fortifications du moyen âge. — Hôtel de ville monumental.

Mesmin (Saint-), canton de Méry. ⟶ Église romane.

Mesnil-la-Comtesse, canton de Ramerupt. ⇒ Dans l'église, retable en bois du XVIᵉ siècle.

Mesnil-Lettre, canton de Ramerupt. ⇒ Dans l'église (XIVᵉ siècle), Christ du XIIᵉ siècle en bronze; croix processionnelle et curieuse statue de saint Pierre, du XIVᵉ siècle; clôture en bois sculpté, du XIVᵉ siècle, entre la nef et le transsept.

Cathédrale de Troyes.

Molins, canton de Brienne. ⇒ Remarquable portail d'église (XVIᵉ siècle).

Montiéramey, canton de Lusigny. ⇒ Église, monument historique, des XIIᵉ et XVIᵉ siècles; vitraux du XVIᵉ siècle.

Montsuzain, canton d'Arcis. ⇒ Église renfermant un curieux vitrail du XVIᵉ siècle.

Motte-Tilly (La), canton de Nogent-sur-Seine. ⟶ Château bâti par l'abbé Terray, dont le beau tombeau se trouve dans l'église.

Moussey, canton de Bouilly. ⟶ Église complète du XIIe siècle; beau porche roman.

Mussy-sur-Seine, chef-lieu de canton. ⟶ Église, monument historique de la fin du XIIIe siècle; vitraux des XIVe et XVIe siècles; chapelle octogonale; curieux tombeau (XIVe siècle) de Guillaume de Mussy. — Restes importants d'un ancien château des évêques de Langres.

Noé-les-Mallets, canton d'Essoyes. ⟶ Église du XIIe siècle, avec portail curieux.

Noës (Les), 2e canton de Troyes. ⟶ L'église, du XVIe siècle, renferme de nombreux objets d'art de cette époque et du siècle précédent.

Nogent-en-Othe, canton d'Aix. ⟶ Dans l'église, statue de la Vierge, du XVIe siècle; peintures murales anciennes; panneau en cuivre émaillé, du XIIIe siècle.

Nogent-sur-Aube, canton de Ramerupt. ⟶ Belle église des XIIe et XVIe siècles.

Nogent-sur-Seine, chef-lieu d'arrondissement, bâti en amphithéâtre. ⟶ *Pont* remarquable. — *Église*, monument historique, bâtie de 1421 à 1554; abside du XIIIe siècle; magnifiques détails de la Renaissance; peinture en grisaille du XVIe siècle; tableaux de Glaize, de Lesueur (?) et de Devéria. — *Auditoire* du XVIe siècle. — Motte d'un ancien château.

Nozay, canton d'Arcis. ⟶ Dans l'église, deux retables du XVIe siècle.

Ormes, canton d'Arcis. ⟶ Église renfermant un tabernacle en bois sculpté et des vitraux du XVIe siècle.

Paisy-Cosdon, canton d'Aix-en-Othe. ⟶ Vestiges d'une villa romaine renfermant de riches mosaïques.

Phal (Saint-), canton d'Ervy. ⟶ Église du XVIe siècle renfermant un beau retable et un Saint-Sépulcre (quinze statues) de la même époque.

Piney, chef-lieu de canton.

Pont-Sainte-Marie, 1er canton de Troyes. ⟶ Église remarquable du XVe siècle et de la Renaissance; admirable portail; curieuses stalles et retable du XVIe siècle.

Pont-sur-Seine, canton de Nogent. ⟶ Église (XIIe et XVIe siècles) ornée de peintures murales attribuées à Lesueur, qui est plus probablement l'auteur du *Rosaire*, excellent tableau. ⟶ Beau château moderne. — Souterrain de deux kilomètres de longueur (XVIIe siècle), tapissé de stalactites semblables à du marbre de Paros.

Pougy, canton de Ramerupt. ⟶ Motte féodale. — Dans l'église, peintures sur bois (XVIe siècle) représentant la vie de saint Nicolas.

Pouy, canton de Marcilly-le-Hayer. ⟶ Château du XVIIe siècle.

Praslins, canton de Chaource. ⟶ L'église renferme un retable à statues du XVIe siècle. — Enceinte de l'ancien château fort.

Premierfait, canton de Méry-sur-Seine. ⟶ La charpente et la chaire de l'église sont des œuvres remarquables du XVIe siècle.

Ramerupt, chef-lieu de canton. ⟶ L'église moderne a conservé un retable peint, du XVIe siècle.

Rhéges, canton de Méry ⟶ Dans l'église, bas-reliefs peints du XVIe siècle.

Riceys (Les), chef-lieu de canton. ⟶ Église de Ricey-Bas (monument historique), du XVIe siècle; curieux vitrail. — Restes du château de Ricey-Bas (XVIe siècle). — A Ricey-Haut et Ricey-Haute-Rive, belles églises des XVe et XVIe siècles. — Maisons du XVIe siècle.

Rigny-la-Noneuse, canton de Marcilly-le-Hayer. ⟶ Beau retable en bois du XVIe siècle, dans l'église.

Rigny-le-Ferron, canton d'Aix-en-Othe. ⟶ Église renfermant des peintures et divers objets d'art du XVIe siècle.

Romilly-sur-Seine, chef-lieu de canton.

Rosières, 3e canton de Troyes. ⟶ Château du temps d'Henri II; la chapelle renferme un tableau sur bois.

Rosnay, canton de Brienne. ⟶ Église, monument historique, des XIIe, XVe et XVIe siècles; magnifiques vitraux;

crypte romane, consacrée par saint Thomas de Cantorbéry. — Grande motte féodale.

Rouilly-Sacey, canton de Piney. ⟶ Motte féodale.

Rouvres, canton de Bar-sur-Aube. ⟶ L'église renferme un beau retable du xvi° siècle.

Rumilly-les-Vaudes, canton de Bar-sur-Seine. ⟶ Église du xvi° siècle, renfermant des vitraux (monuments historiques) et un beau retable de la

Saint-Urbain, à Troyes.

même époque. — Beau manoir des abbés de Molesme (xvi° siècle).

Salon, canton de Méry. ⟶ Église des xii° et xvi° siècles; chapiteaux et vitraux curieux; un des vitraux représente un fou de François I°ʳ.

Saulsotte (La), canton de Villenauxe. ⟶ Cinq dolmens. — Allée couverte. — Ruines d'une commanderie de Templiers.

Savières, canton de Méry. ⟶ Église et clocher remarquables, du xii°

siècle ; gracieux vitraux, moins anciens ; jolies peintures ; vieilles statues.

Savine (Sainte-), 2ᵉ canton de Troyes. ⟶ Dans l'église, retables, triptyque et portrait sur bois du XVIᵉ siècle ; tombeau de Ragnégisile, évêque de Troyes, mort en 627 ; ce sarcophage, d'une grande simplicité, est recouvert d'une belle menuiserie du temps de Louis XII. Belles peintures du XVIᵉ siècle.

Somme-Fontaine, canton de Marcilly-le-Hayer. ⟶ Dans l'église, tombeau romain de saint Lupien portant l'*ascia* (la hache, symbole d'origine païenne et de signification très-controversée) ; carreaux émaillés et retable peint, du XVIᵉ siècle.

Soulaines, chef-lieu de canton. ⟶ Belle église avec portail du XVIᵉ siècle. — Très-belle fontaine.

Thennelières, canton de Lusigny. ⟶ Dans l'église, curieuse pierre tombale et statue en marbre blanc (Louise de Coligny) du XVIᵉ siècle.

Thil, canton de Soulaines. ⟶ Peinture et vitraux du XVIᵉ siècle, dans l'église.

Trancault, canton de Marcilly-le-Hayer. ⟶ Tombelles celtiques, deux menhirs et deux dolmens.

Trannes, canton de Vendeuvre. ⟶ Église romane. — Ruines de l'abbaye de Beaulieu.

Trouan-le-Grand, canton de Ramerupt. ⟶ Beau portail d'église (XIIᵉ siècle).

Trouan-le-Petit, canton de Ramerupt. ⟶ Beaux vitraux (XVIᵉ siècle) de l'église.

Troyes, chef-lieu du département, située sur la Seine, au milieu d'une vaste plaine. — La *cathédrale* (monument historique), édifice à cinq nefs, commencée en 1208, restaurée de 1849 à 1866, est un magnifique spécimen de l'architecture gothique des XIIIᵉ, XIVᵉ, XVᵉ et XVIᵉ siècles. Sa longueur est de 117 mètres, sa largeur au transsept de 51 mètres et sa hauteur sous voûte de 30 mètres. La tour du Nord, à gauche de la façade, terminée seulement au XVIIIᵉ siècle, a 62 mètres d'élévation. La tour du Sud n'a même pas été commencée. Les trois portes, ornées de festons délicats, de niches, de pinacles, ont perdu presque tous leurs bas-reliefs et leurs statues. Le chœur, un des plus beaux de France, est entouré de cinq chapelles rayonnantes. A l'intérieur, magnifiques vitraux (XIIIᵉ, XIVᵉ, XVᵉ et XVIᵉ siècles), dont l'ensemble est à peu près complet ; chapelle des fonts ornée de panneaux en bois peint (XVIIᵉ siècle), représentant diverses scènes de la vie de Jésus-Christ ; Vierge en marbre de Simart ; Baptême de saint Augustin, groupe lithochromique du XVIᵉ siècle. Le trésor contient de nombreux émaux, deux coffrets d'ivoire qui proviennent du pillage de Constantinople en 1204, une crosse émaillée, etc. — L'ancienne *collégiale de Saint-Urbain* (monument historique), chef-d'œuvre du XIIIᵉ siècle, commencée en 1262, aux frais du pape Urbain IV, et demeurée inachevée, présente, malgré sa date, tous les caractères de l'architecture du XIVᵉ siècle. Elle comprend trois nefs, un transsept et trois absides. Le portail central et les portails latéraux sont remarquables par la disposition des arcs-boutants et des piliers qui en soutiennent les porches. D'autres détails de construction de cette église intéressent vivement les architectes. A l'intérieur, *vitraux* en grisailles et en couleurs des XIIIᵉ et XIVᵉ siècles ; *piscine* du pape Urbain IV ; pierres tombales des XIVᵉ, XVᵉ et XVIᵉ siècles. — L'*église Saint-Remy* (tour du XIIᵉ siècle ; belle corniche romane à modillons ; nef et portail de la fin du XIVᵉ siècle, le reste du XVᵉ ou du XVIᵉ siècle) est dominée par une flèche de 40 mètres et renferme des peintures sur bois du XVIᵉ siècle (sur la cloison de la sacristie), un célèbre Christ, de Girardon, en bronze, et une *Madeleine repentante* (école italienne). — L'*église Saint-Jean* (monument historique ; tour du XIIᵉ siècle, partie de la nef de la fin du XIVᵉ siècle, le reste du XVIᵉ siècle), dont le maître-autel est décoré d'un tableau de Mignard (*Baptême du Christ*), possède aussi quelques ouvrages de Girardon et des vitraux remarquables du XVIᵉ siècle. — L'*église de la Madeleine* (monument historique de la fin du XII° siècle. et du XVI° siècle) renferme de beaux vitraux du XVI° siècle et un *jubé*, œuvre admirable du style gothique due à Jean de Gualde (1508). Le cimetière de cette église était autrefois entouré d'un cloître, dont il reste une remarquable porte d'entrée du XVI° siècle. — L'*église* pricurale *de Saint-Quentin* (XI° ou XII° siècle, sauf le porta l, de la fin du XIII° siècle, et la voûte du centre du transsept, du XVI° siècle) a été transformée en brasserie. — *Saint-Nizier*

Intérieur de Saint-Pantaléon, à Troyes.

(monument historique du XVI° siècle), qui a conservé intacte sa toiture en tuiles émaillées, offre un joli portail gothique au sud, un portail Renaissance à l'ouest, des vitraux à 30 fenêtres et un Saint-Sépulcre. Dans la sacristie, charmants petits panneaux représentant des portraits, entre autres celui d'Henri IV, et des scènes d'un style fort léger. — *Saint-Martin-ès-Vignes* (XVI° et XVII° siècles) renferme de beaux vitraux du XVI° siècle, et des

tableaux peints sur bois, du xvɪᵉ siècle.
— *Saint-Nicolas* (style ogival du xvɪᵉ siècle, porche du xvɪɪᵉ siècle) offre aussi de beaux vitraux, une peinture murale du xvɪᵉ siècle, une jolie cuve baptismale de la Renaissance, une jolie chaire et deux statues du Christ attribuées à Gentil. — *Saint-Pantaléon* (monument historique) date du xvɪᵉ et du xvɪɪᵉ siècles, moins le portail ouest (xvɪɪɪᵉ siècle). A l'intérieur, calvaire; groupe en pierre peinte des saints Crépin et Crépinien, grisailles attribuées à Macadré; chaire, décorée de bas-reliefs par Simart; beaux retables. — *Chapelle de Saint-Gilles* (monument historique, de la fin du xvᵉ siècle), construite en bois (peintures sur bois). — *Église Saint-Frobert* (xvɪᵉ siècle) convertie en magasins.

Des anciens remparts de la ville (xɪɪɪᵉ siècle) il ne reste que des débris et un *pont* fortifié. — Le *lycée*, l'un des plus beaux de France, occupe un édifice moderne construit dans de belles et grandes proportions sur les promenades publiques; la décoration de sa chapelle est du meilleur goût. — Le bâtiment principal de l'*hôtel de ville* (1624-1670) est digne d'une mention. La grande salle est ornée d'un beau médaillon de Louis XIV, en marbre blanc, par Girardon. — L'*hôtel-Dieu* a été construit vers le milieu du xvɪɪᵉ siècle (belle grille de 1758). — L'ancienne *abbaye de Saint-Martin-ès-Aires*, où l'administration hospitalière entretient 80 orphelines, possède un très-beau cloître construit sous Louis XIII. — L'*hospice Saint-Nicolas* est destiné aux vieillards des deux sexes et aux jeunes orphelins. — Nous signalerons encore : la *préfecture*; — le *temple protestant* (1859); — la *halle au blé* (1845); — le nouveau *marché couvert* (1874); — les *archives départementales*; — le *théâtre*; — la *halle aux marchandises*.

La *bibliothèque publique*, installée dans l'ancienne abbaye de Saint-Loup, renferme plus de 110,000 vol. et de 2,427 manuscrits. On y remarque 14 panneaux de vitraux peints par Linard Gonthier en 1621. Les sujets s'appliquent à différents événements de la vie d'Henri IV et de Louis XIII : la bataille d'Ivry, l'entrée d'Henri IV à Paris, le combat des Ponts-de-Cé, etc. — Le *musée* (12,000 monnaies) renferme de belles mosaïques trouvées à Troyes et à Paisy-Cosdon; une épée avec sa poignée en or; une bague portant en creux le mot *Heva*, des boucles, le tout en or, orné d'émaux couleur de rubis; des antiquités romaines et du moyen âge; des tableaux de Berghem, Bloemen, Bon et Louis Boullongne, Mignard, Van der Meulen, Natoire, Nattier, Watteau, etc.; des sculptures par Bosio, David d'Angers, Girardon. Mais la ville s'enorgueillit surtout de l'œuvre de l'un de ses enfants, de Simart, l'habile sculpteur. — Nombreuses et belles collections particulières. — Parmi les habitations privées, nous citerons: les *hôtels de Vauluisant* (monument historique du xvɪᵉ siècle; pavillon à tourelles; grande salle ornée de peintures mythologiques), *de Mauroy* (colonnes élégantes sur les façades de la cour; tour revêtue de dessins en écailles), *de Chapelaines*, *de Mesgrigny*, *de Marisy*, celui dit *des Ursins* (jolie tourelle; vitraux d'une très-belle exécution, représentant le crucifiement et les figures des anciens propriétaires), et quelques vieilles *maisons* très-remarquables, presque toutes en bois, qui offrent des détails de sculptures des xvᵉ et xvɪᵉ siècles. — Jolies promenades; jardins anglais sur l'emplacement des anciens fossés.

Vallant-Saint-Georges, canton de Méry. ⟶ L'église renferme un beau groupe en marbre blanc (quatre statues) du xvɪᵉ siècle.

Vanlay, canton de Chaource. ⟶ Belle croix de cimetière (xvɪᵉ siècle).

Vauchonvillers, canton de Vendeuvre. ⟶ Église du xɪɪᵉ siècle; peintures murales du xɪvᵉ siècle.

Vaudes, canton de Bar-sur-Seine. ⟶ Dans l'église, beaux vitraux du xvɪᵉ siècle.

Vendeuvre, chef-lieu de canton. ⟶ Château des xɪɪᵉ, xvɪᵉ et xvɪɪᵉ siècles; magnifique escalier du xɪɪᵉ siècle, placé parmi les constructions du xvie; large salle à deux nefs; corridor voûté; porte à herse; tour haute de 20 mètres. — Église de la Renaissance (1510); beau portail à sculptures peintes; autel de 1539; beau retable du xvie siècle; deux verrières remarquables; tableau sur bois dans le genre du Pérugin. — Église Saint-Jean; chœur du xiie siècle. — Faille très-remarquable, avec gouffres nombreux absorbant les eaux, traversée par le chemin de fer.

Verpillières, canton d'Essoyes

Le jubé de Sainte-Madeleine, à Troyes.

⟶ Église romane curieuse; retable à personnages.

Verrières, canton de Lusigny. ⟶ Église du xvie siècle; beau portail et beaux vitraux.

Villacerf, 1er canton de Troyes.

⟶ Restes d'un magnifique château, construit par Colbert.

Ville-aux-Bois-lès-Soulaines, canton de Soulaines. ⟶ Église du xiie siècle, dont la porte a conservé de beaux restes de ferrements de cette époque.

Ville-sous-la-Ferté, canton de Bar-sur-Aube. ⟶ Ancienne abbaye de Clairvaux (V. ce mot).

Villehardouin, canton de Piney. ⟶ Restes importants d'un château des XIIe et XIIIe siècles.

Villeloup, 2e canton de Troyes. ⟶ L'église renferme un tabernacle à statues du XVIe siècle.

Villemaur, canton d'Estissac. ⟶ Église des XIIe, XIIIe et XVIe siècles, renfermant de curieux objets d'art et notamment un jubé (monument historique) en bois sculté du XVIe siècle.

Villemereuil, canton de Bouilly. ⟶ Château du temps de Louis XIII.

Villemoiron, canton d'Aix-en-Othe. ⟶ Dans l'église, vitraux remarquables des XVIe et XVIIe siècles.

Villenauxe, chef-lieu de canton. ⟶ Église, monument historique, des XIIIe, XVe et XVIe siècles. — Curieuses maisons en bois sculpté. — Belle gorge de la Noxe.

Villiers-Herbisse, canton d'Arcis. ⟶ Dans l'église, beau retable et vitraux du XVIe siècle.

Villy-en-Trodes, canton de Bar-sur-Seine. ⟶ Église du XIIe siècle; joli portail avec bas-relief du XVe siècle; pierres tombales coniques et en forme de croix.

Villy-le-Maréchal, canton de Bouilly. ⟶ Église renfermant un tabernacle en bois et des statues du XVIe siècle. — Motte seigneuriale de construction singulière.

Voigny, canton de Bar-sur-Aube. ⟶ Église des XIIe et XVIe siècles; magnifiques chapiteaux.

A LA MÊME LIBRAIRIE — DU MÊME AUTEUR

ITINÉRAIRE GÉNÉRAL DE LA FRANCE
(Ces volumes se vendent reliés.)

I. **Paris illustré.** 1 vol. de 1200 pages, contenant 442 vignettes dessinées sur bois, un grand plan de Paris, les plans des bois de Boulogne et de Vincennes, du Louvre, du Père-Lachaise, du Jardin des Plantes, etc. 3ᵉ édit. 12 fr.

II. **Environs de Paris illustrés.** 1 vol. de 690 pages, contenant 245 gravures, une grande carte des environs de Paris et 7 autres cartes et plans. 2ᵉ édition, précédée d'un appendice relatif à la guerre de 1870-1871. 9 fr.

III. **Bourgogne, Franche-Comté, Savoie.** 1 vol. de 600 pages, contenant 11 cartes, 5 plans et 1 panorama. 8 fr.

IV. **Auvergne, Dauphiné, Provence.** 1 vol. de 900 pages, contenant 12 cartes, 11 plans et 1 panorama. 10 fr.

V. **Loire et Centre.** 1 volume de 730 pages, contenant 26 cartes et 10 plans. . . . . 12 fr.

VI. **Pyrénées.** 1 vol. de 775 pages, contenant 7 cartes, 1 plan et 9 panoramas. 3ᵉ édition. . . . . . . 12 fr.

VII. **Bretagne.** 1 vol. de 600 pages, contenant 10 cartes et 7 plans, 2ᵉ édition. . . . . 10 fr.

VIII. **Normandie.** 1 vol. de 650 pages, contenant 7 cartes et 4 plans. 2ᵉ édition. . . . . 10 fr.

IX. **Nord.** 1 vol. de 450 pages, contenant 7 cartes et 8 plans. . . 8 fr.

X. **Vosges et Ardennes.** 1 vol. de 764 pages, contenant 14 cartes et 7 plans. . . . . 11 fr

---

DICTIONNAIRE GÉOGRAPHIQUE
ADMINISTRATIF, POSTAL, STATISTIQUE, ARCHÉOLOGIQUE, ETC.
DE LA FRANCE, DE L'ALGÉRIE & DES COLONIES
INDIQUANT POUR CHAQUE COMMUNE

la condition administrative, la population, la situation géographique, l'altitude, la superficie; la distance aux chefs-lieux de canton, d'arrondissement et de département; les bureaux de poste et de télégraphie électrique, les stations et correspondances de chemins de fer la cure ou succursale, les établissements d'utilité publique ou de bienfaisance; donnant tous les renseignements administratifs, judiciaires, ecclésiastiques, militaires, maritimes, commerciaux, industriels, agricoles; énumérant les richesses minérales, les curiosités naturelles ou archéologiques, les collections d'objets d'art ou de sciences; renfermant, outre la description détaillée de tous les cours d'eau, de tous les canaux, de tous les phares, de toutes les montagnes, des notices géographiques, administratives et statistiques sur les 89 départements de la France, sur l'Algérie et sur les colonies.

Deuxième édition, entièrement revisée et considérablement augmentée

Avec un Appendice contenant les résultats généraux du recensement de 1872, et suivie d'un Supplément contenant la liste des communes qui ont cessé, par suite du traité de 1871, de faire partie du territoire français.

Un volume grand in-8 de 2700 pages à 2 colonnes, broché, 25 fr.
28 fr. 25 cartonné en percaline; 30 fr. relié en demi-chagrin.

PETIT DICTIONNAIRE GÉOGRAPHIQUE DE LA FRANCE
1 volume in-12 de 800 pages à 2 colonnes, cartonné. . . . . 6 fr.

ATLAS DE LA FRANCE
CONTENANT 95 CARTES TIRÉES EN QUATRE COULEURS
(1 carte générale de France, 89 cartes départementales, 1 carte de l'Algérie, 4 des colonies)
ET 94 NOTICES GÉOGRAPHIQUES ET STATISTIQUES

1 volume in-folio, cartonné, 40 fr.

PARIS. — IMP. SIMON RAÇON ET COMP., RUE D'ERFURTH, 1.

PARIS. — IMP. SIMON RAÇON ET COMP., RUE D'ERFURTH, 1.

www.ingramcontent.com/pod-product-compliance
Lightning Source LLC
LaVergne TN
LVHW022126080426
835511LV00007B/1051